면세점 · 판매
일본어

머리말

최근 한류 열풍은 아시아를 넘어 미국, 유럽을 휩쓸며 바야흐로 코리아 전성시대를 맞이하였습니다. 한류 붐은 드라마에서 출발하여 음악, 패션, 화장품, 의료, 음식에 이르기까지 그야말로 장르를 불문하고 관심의 대상이 되고 있으며, 또한 한글을 배우는 외국인도 꾸준히 증가하고 있어 새로운 한국의 장을 열고 있습니다.

이러한 한류 열풍은 많은 관광객을 한국으로 불러 들였고, 한국을 세계에 알리는 신호탄이 되었습니다. 이제 외국인의 입에서 간단한 한국어 인사가 자연스럽게 나오게 되었으며, 그들은 '메이드 인 코리아' 제품을 찾게 되었습니다. 이에 부응하여 한국의 관광산업은 양적, 질적으로 상당한 발전을 거두었습니다.

이제 서울의 명동거리나 남대문 · 동대문시장을 비롯하여 백화점, 면세점, 삼청동, 인사동 등 거리 곳곳에서 또한 작은 골목길에서도 외국인을 만나는 일은 흔한 일이 되었습니다. 특히 한류 붐과 함께 일본인 관광객은 날로 증가 하고 있습니다.

그들이 한국에서 쇼핑하는 상품은 해외 명품을 비롯하여 한국의 의류나 화장품, 식품, 안경에 이르기까지 그 종류를 헤아리기 어려울 정도로 다양해졌습니다.

본 교재는 이렇게 다양한 상품을 구매하는 일본인 관광객을 대상으로 면세점, 백화점, 남대문 · 동대문시장, 쇼핑센터 등에서 통용되는 상품 판매에 관한 일본어 표현을 기본 판매 일본어와 상품별 판매 일본어로 구분하여 구성하고 기본 예문과 대화편으로 편집하여 판매 현장에서 바로 적용할 수 있도록 하였습니다.

특히 각 상품별로 구분하여 상세한 상품 설명을 함께 실어 어떠한 상품판매도 가능하도록 구성되어 관광관련 학생뿐만 아니라 일본인을 대상으로 한 판매직 종사자들에게 많은 도움이 되리라고 생각합니다.

끝으로 원고편집에 도움을 주신 모든 분들과 한올출판사 임직원 여러분께 감사의 말씀을 드립니다.

저자 일동

contents

차 례

1章 세일즈 기본 회화 I

1. 営業時間及び売り場のご案内 (영업시간 및 매장 안내) —— 2
2. 開店·閉店時のご挨拶 (개점·폐점인사) —— 6
3. 販売に関するご案内 (판매안내) —— 9
4. セールのご案内 (세일안내) —— 15
5. アフターサービスのご案内 (A/S 안내) —— 18
6. 価格のご案内 (가격안내) —— 22

2章 세일즈 기본 회화 II

1. 免税店ショッピングの会計方法 (면세점 쇼핑의 결제방법) —— 28
2. 交換及び返品(払い戻し)のご案内 (교환 및 환불 안내) —— 39
3. VIPカードのご案内 (VIP카드 안내) —— 43

3章 면세점 안내

1. 免税店ご利用案内(めんぜいてんごりようあんない) (면세점 이용 안내) —— 46

2. 商品のお引渡しのご案内(しょうひんのおひきわたしのごあんない) (전달 및 물품수령 안내) —— 48

4章 상품별 안내

1. 化粧品(けしょうひん) (화장품) —— 57

2. 香水(こうすい) (향수) —— 71

3. タバコ (담배) —— 80

4. 酒類(しゅるい)(洋酒(ようしゅ)・ワイン・伝統酒(でんとうしゅ)) 주류(양주 · 와인 · 전통주) —— 84

5. 食品(しょくひん) (식품) —— 97

6. 貴金属(ききんぞく) (귀금속) —— 109

7. 時計(とけい) (시계) —— 117

8. 靴(くつ)・ベルト・アクセサリー (구두 · 벨트 · 악세서리) —— 127

9. カバン・財布(さいふ) (가방 · 지갑) —— 138

10. ネクタイ・スカーフ (넥타이 · 스카프) —— 147

11. サングラス・眼鏡(めがね) (선글라스 · 안경) — 154

12. 衣類(いるい) (의류) — 162

13. 記念品(きねんひん)・雑貨(ざっか) (기념품 · 잡화) — 170

14. その他(た) (기타) — 176

1章 세일즈 기본회화 I

1. 영업시간 및 매장 안내
2. 개점·폐점 인사
3. 판매 안내
4. 세일 안내
5. A/S 안내
6. 가격 안내

1章 세일즈 기본회화 I

1. 営業時間(えいぎょうじかん)及(およ)び売(う)り場(ば)のご案内(あんない) (영업시간 및 매장 안내)

기본예문

1. デパートは何時(なんじ)に開(あ)きますか。
   ▸ 백화점은 몇 시에 엽니까?

2. 午前(ごぜん)10時(じ)でございます。
   ▸ 오전 10시입니다.

3. 閉店時間(へいてんじかん)は何時(なんじ)ですか。
   ▸ 폐점시간은 몇 시입니까?

4. 午後(ごご)8時(じ)30分(ぷん)でございます。
   ▸ 오후 8시 30분입니다.

5. 営業時間は何時から何時までですか。

▸ 영업시간은 몇 시부터 몇 시까지 입니까?

6. 午前10時から午後8時30分まででございます。

▸ 오전 10시 부터 오후 8시30분까지입니다.

7. 明日はあいていますか。

▸ 내일은 엽니까?

8. いいえ、火曜日は休ませていただいております。

▸ 아니오, 화요일은 쉽니다.

9. 定休日はいつですか。

▸ 정기휴일은 언제입니까?

10. 火曜日でございます。

▸ 화요일입니다.

11. 店は何時から利用できますか。

▸ 매장은 몇 시부터 이용할 수 있습니까?

12. 本日は終了させていただきました。

▸ 오늘은 끝났습니다.

13. 水曜日は休ませていただきます。

▸ 수요일은 쉽니다.

14. 午前10時から営業いたしております。

▶ 오전 10시부터 영업합니다.

15. 午後8時30分に閉店いたします。

▶ 오후 8시30분에 폐점합니다.

16. 当店は火曜日が定休日でございます。

▶ 우리 매장은 화요일이 정기휴일입니다.

17. 化粧品コーナーは右にまっすぐ行かれますと、すぐでございます。

▶ 화장품 코너는 오른쪽으로 똑바로 가시면 바로 있습니다.

18. 公衆電話はエスカレーターの下の食品コーナーと、休憩室の中に設置されております。

▶ 공중전화는 에스컬레이터 밑 식품코너와 휴게실 안에 설치되어 있습니다.

19. 建物全体が禁煙でございます。

▶ 건물 전체가 금연입니다.

20. エスカレーターの入り口に設置されている灰皿の周辺でタバコを吸うことができます。

▶ 에스컬레이터 입구에 설치되어 있는 재떨이 주위에서 담배를 피우실 수 있습니다.

주요단어

- 免税店(めんぜいてん) 면세점
- 営業時間(えいぎょうじかん) 영업시간
- 利用(りよう) 이용
- まっすぐ 똑바로
- 設置(せっち) 설치
- 建物(たてもの) 건물
- 灰皿(はいざら) 재떨이
- エスカレーター[escalator] 에스컬레이터
- 開(あ)く 열다
- 休(やす)む 쉬다
- 本日(ほんじつ) 본일, 오늘
- 公衆電話(こうしゅうでんわ) 공중전화
- 禁煙(きんえん) 금연
- 全体(ぜんたい) 전체
- 化粧品(けしょうひん)コーナー 화장품 코너
- 閉店(へいてん) 폐점
- 定休日(ていきゅうび) 정기휴일
- 終了(しゅうりょう)する 종료하다
- 休憩室(きゅうけいしつ) 휴게실
- 入(い)り口(ぐち) 입구
- 食品(しょくひん)コーナー 식품 코너

2. 開店(かいてん)·閉店時(へいてんじ)のご挨拶(あいさつ) (개점·폐점인사)

기본예문

1. いらっしゃいませ。
   ▸ 어서 오십시오.

2. こんにちは。
   ▸ 안녕하십니까?

3. どうなさいましたか。
   ▸ 무엇을 도와드릴까요?

4. 申(もう)しわけございません。お客様(きゃくさま)。
   ▸ 죄송합니다. 손님.

5. ゆっくりもう一度(いちど)おっしゃっていただけませんか。
   ▸ 천천히 한 번 더 말씀해주시겠습니까?

6. 日本語(にほんご)がまだよくできません。
   ▸ 일본어가 아직 서툽니다.

7. 少々(しょうしょう)お待(ま)ちください。
   ▸ 잠깐만 기다려 주십시오.

8. ごゆっくりご覧(らん)くださいませ。
   ▸ 천천히 구경하십시오.

9. お探しの品物はございますか。

▶ 찾으시는 물건은 있으십니까?

10. 当店(私どもの免税店)をご利用いただき、誠にありがとうございます。また、お越しくださいませ。

▶ 저희 매장(저희 면세점)을 이용해 주셔서 대단히 감사합니다. 다시 찾아 주십시오.

11. ありがとうございました。

▶ 감사합니다.

12. 安全で楽しいご旅行を。

▶ 안전하고 즐거운 여행 되십시오.

주요단어

- お客様 손님
- ご覧になる 보시다
- 安全 안전
- もう一度 한번 더
- 品物 물건, 상품
- 誠に 정말로, 대단히
- 少々 조금, 잠시
- お越しになる 오시다

대 화

1. 店員 : いらっしゃいませ。お客様、お探しの物はございますか。

▶ 어서 오십시오. 손님. 찾으시는 물건이 있으십니까?

お客 : シャネルの化粧品が見たいのですが。

▶ 샤넬 색조 화장품을 볼 수 있을까요?

店員 : 少々お待ちください。はい、こちらでございます。

▶ 잠깐만요. 예. 여기 있습니다.

2. お客 : アルマーニの香水はありますか。

▶ 아르마니 향수 있습니까?

店員 : 申し訳ございません。

日本語がまだよくできないので、ゆっくりもう一度おっしゃっていただけませんか。

▶ 죄송합니다. 일본어가 아직 서툴러서 그러니 천천히 다시 한 번 말씀해 주시겠습니까?

3. 店員 : こんにちは。ごゆっくりご覧ください。

すべて優れた商品でございます。

▶ 안녕하십니까? 천천히 구경하십시오. 전부 좋은 상품들입니다.

お客 : ありがとうございます。

▶ 고맙습니다.

4. お客 : これはおいくらですか。

▶ 이것은 얼마에요?

店員 : 恐れ入ります、お客様。少々お待ちください。

▶ 죄송합니다. 손님. 잠깐만 기다려 주십시오.

3. 販売に関するご案内 (판매안내)

기본예문

1. 何かお探しですか。

   ▶ 찾으시는 물건이 있으십니까?

2. こちらが新商品です。

   ▶ 이것이 신제품입니다.

3. 今、流行りの商品です。

   ▶ 지금 유행하는 상품입니다.

4. お土産として人気があります。

   ▶ 선물로 인기가 있습니다.

5. こちらになさいますか。

   ▶ 이것으로 하시겠습니까?

6. こちらはいかがでしょうか。

   ▶ 이것은 어떠십니까??

7. こちらでよろしいでしょうか。

   ▶ 이것으로 괜찮으십니까?

8. お手に取ってご覧ください。

   ▶ 직접 손에 들고 보십시오.

9. こちらに鏡がございます。

▶ 이쪽에 거울이 있습니다.

10. サイズはいかがでしょうか。

▶ 사이즈는 어떠신가요?

11. 色違いもございます。

▶ 다른 색도 있습니다.

12. よくお似合いですよ。

▶ 잘 어울리십니다.

13. こちらでより多くの商品をご覧いただけます。

▶ 이쪽에서 더 많은 상품을 보실 수 있습니다.

14. 後で一緒にお支払いいただいても構いません。

▶ 나중에 다 같이 계산하셔도 됩니다.

15. こちらのブランド(商品)は、当店でのみ単独販売されております。

▶ 이 브랜드(상품)는 저희 매장에서만 단독 판매하고 있습니다.

16. 100ミリリットル以下の製品を、容量1リットル以下のジッパーバッグに入れれば持込み可能となります。(ジッパーバッグは、お客様お一人につき 1 つのみでございます)

▶ 100ml 이하 제품을 1리터 이하의 지퍼백에 넣을 경우 지참 가능하십니다. (지퍼백은 1인 1장만 소지 가능합니다).

17. 袋(ふくろ)はそれぞれお入(い)れいたします。

▸ 봉투는 각각 넣어드리겠습니다.

18. ケースは別途(べっと)に保管(ほかん)してください。

▸ 케이스는 따로 보관하십시오.

19. 包装(ほうそう)していただけますか。

▸ 포장해 주시겠습니까?

20. 税関検査(ぜいかんけんさ)があるため包装(ほうそう)はしておりません。

▸ 세관검사 때문에 포장은 하지 않습니다.

21. 本日(ほんじつ)10万ウォン以上(いじょう)ご購入(こうにゅう)されたお客様(きゃくさま)には、スペシャルギフトをご用意(ようい)しております。贈呈(ぞうてい)デスクは9階(かい)のエレベーターの横(よこ)にございます。

▸ 오늘 10만원 이상 구매하신 고객에게는 증정상품을 준비하고 있습니다. 증정 데스크는 9층 엘리베이터 옆에 있습니다.

22. 今回(こんかい)のお買(か)い上(あ)げは20万ウォンですので、こちらの商品(しょうひん)を差(さ)し上(あ)げます。

▸ 이번에 구매하신 금액이 20만원이므로 이 상품을 드립니다.

23. 免税品(めんぜいひん)ご購入(こうにゅう)の際(さい)には、パスポートと飛行機(ひこうき)のチケットが必要(ひつよう)です。

▸ 면세품을 구입하실 때에는 여권과 비행기티켓이 필요합니다.

주요단어

- 探(さが)す 찾다
- お土産(みやげ) 선물, 토산품
- サイズ 사이즈
- 単独販売(たんどくはんばい) 단독판매
- 支払(しはら)い 지불
- 以下(いか) 이하
- リットル[(프)litre] 리터
- 袋(ふくろ) 봉투, 주머니
- 税関検査(ぜいかんけんさ) 세관검사
- 新商品(しんしょうひん) 신상품
- 手(て)に取(と)る 손에 들다
- 色違(いろちが)い 색이 다름
- 似合(にあ)う 어울리다
- 構(かま)わない 상관없다
- 製品(せいひん) 제품
- ジッパーバッグ 지퍼백
- 別途(べっと) 별도
- 包装(ほうそう) 포장
- 流行(はや)り 유행
- 鏡(かがみ) 거울
- 免税品(めんぜいひん) 면세품
- お買(か)い上(あ)げ 구매
- のみ ~뿐, ~만
- 容量(ようりょう) 용량
- 持ち込み 반입, 지참
- 保管(ほかん) 보관

대 화

1. お客 ：エレベーターはどこにありますか。

▶ 엘리베이터는 어디 있습니까?

店員 ：右に曲がるとすぐにございます。

▶ 오른쪽으로 돌면 바로 있습니다.

2. お客 ：すみませんが、トイレはどこですか。

▶ 죄송합니다만 화장실은 어디입니까?

店員 ：ここから左にまっすぐ行かれますとございます。

▶ 여기서 좌측으로 곧바로 가시면 있습니다.

3. お客 ：座って少し休める場所がありますか。

▶ 앉아서 좀 쉴 수 있는 장소가 있습니까?

店員 ：はい、休憩室は香水コーナーの右手にございます。

▶ 네, 휴게소는 향수코너 오른쪽에 있습니다.

4. 店員 ：休憩室ではコーヒーが無料でございます。あちらに行かれますとございます。

▶ 휴게실에서 커피를 무료로 드실 수 있습니다. 저쪽으로 가시면 있습니다.

お客 ：はい、ありがとうございます。

▶ 예, 감사합니다.

5. お客 ：ここに喫煙できる場所がありますか。

▶ 여기에 흡연할 수 있는 장소가 있습니까?

店員 ：申し訳ございません。建物全体が禁煙ですので、おたばこは外でお願いいたします。

▶ 죄송합니다. 건물 전체가 금연이기 때문에 담배는 밖에서 피우시길 부탁드립니다.

6. お客：電話をかけたいんですが公衆電話はどこにありますか。

▶ 전화를 걸고 싶은데 공중전화는 어디에 있습니까?

店員：はい、お客様。公衆電話はエスカレーターの前の香水コーナーと休憩室の中に設置されております。

▶ 예, 손님. 공중전화는 에스컬레이터 앞 향수코너와 휴게실 안에 설치되어 있습니다.

お客：硬貨で電話がかけられますか。

▶ 동전으로 전화를 할 수 있습니까?

店員：申し訳ございません。テレフォンカードのみのご利用となっております。エスカレーターの横のタバココーナーでテレフォンカードを販売しております。

▶ 죄송합니다. 전화카드만 이용하실 수 있습니다.
에스컬레이터 옆 담배코너에서 전화카드를 판매하고 있습니다.

7. お客：タクシーはどこで乗れますか。

▶ 택시는 어디에서 탈 수 있습니까?

店員：免税店の前にタクシー乗り場がございます。

▶ 면세점 앞에 택시 타는 곳이 있습니다.

주요단어

- 香水(こうすい) 향수
- 優れる(すぐれる) 뛰어나다, 우수하다
- 休憩室(きゅうけいしつ) 휴게실
- 硬貨(こうか) 동전, 주화
- タクシー乗り場(のりば) 택시승차장
- おっしゃる 말씀하시다
- 製品(せいひん) 제품
- 無料(むりょう) 무료
- テレフォンカード전화카드
- すべて 모두, 대체로
- 曲がる(まがる) 구부러지다, 돌다
- 喫煙(きつえん) 흡연
- 販売(はんばい) 판매

4. セールのご案内 (세일안내)

기본예문

1. 現在セール中でございます。
   - ▶ 현재 세일 중입니다.

2. こちらの品目はセールはいたしておりません。
   - ▶ 이 품목은 세일을 하지 않습니다.

3. ただ今20%セール中です。
   - ▶ 지금 20% 할인판매하고 있습니다.

4. 5%のディスカウントが追加されます。
   - ▶ 5% D/C가 추가됩니다.

5. こちらは新商品ですのでセール対象外品目でございます。
   - ▶ 이것은 신상품이기 때문에 세일이 되지 않는 품목입니다.

6. 50ドル以上ご購入されますとスペシャルギフトをプレゼントいたします。
   - ▶ 50달러 이상 구매 시 사은품을 드립니다.

7. あいにくお探しの品物は品切れでございます。
   - ▶ 하필이면(마침) 찾으시는 물건은 품절되었습니다.

8. 現在、一番人気のある商品でございます。
   - ▶ 현재 가장 인기 있는 제품입니다.

9. こちらの商品(しょうひん)は若(わか)い人(ひと)たちの間(あいだ)で人気(にんき)があります。

▶ 이 상품은 젊은이들 사이에 인기가 있습니다.

10. 当店(とうてん)(私(わたくし)どもの免税店(めんぜいてん))は30年(ねん)の歴史(れきし)を誇(ほこ)っております。

▶ 저희 매장(저희 면세점)은 30년의 역사를 자랑합니다.

11. 当店(とうてん)(私(わたくし)どもの免税店(めんぜいてん))の価格(かかく)は最(もっと)もお安(やす)くなっております。

▶ 저희 매장(저희 면세점)의 가격이 제일 쌉니다.

12. こちらの商品(しょうひん)よりもあちらの商品(しょうひん)の方(ほう)がお安(やす)くなっております。

▶ 이 상품보다 저 상품이 더 저렴합니다.

13. こちらの商品(しょうひん)は少(すこ)し高(たか)いですが、それだけの値打(ねう)ちがございます。

▶ 이 상품은 좀 비싸지만 그만한 값어치가 있습니다.

14. ~ドル/円(えん)/ウォン/元(げん)だけ扱(あつか)っております。

▶ ~달러/엔/원/위안화로만 받습니다.

15. メンバーシップカードがございますと5~15%まで割引(わりびき)させていただきます。また、お買(か)い上(あ)げ金額(きんがく)の0.5%をマイレージとしてお積(つ)み立(た)ていたします。

▶ 멤버십 카드가 있으시면 5~15%까지 할인 해드리겠습니다(また). 결제 금액의 0.5%를 마일리지로 적립해 드립니다.

16. ~(ドル/円(えん)/ウォン/元(げん))以上購入(いじょうこうにゅう)されますと、スペシャルギフトをプレゼントいたします。

▶ ~달러/엔/원/위안 이상 구매하시면 사은품이 지급됩니다.

17. 1つご購入された後、追加購入される際には~%割引となります。

▶ 한 개를 구입하고 추가 구입 시 ~%할인해 드립니다.

18. ~個入っているセット商品が、よりお買い得でございます。

▶ ~개가 들어있는 세트상품이 더 저렴합니다.

19. 現在~%割引で販売いたしております。

▶ 현재 ~%할인 판매 중입니다.

20. こちらの製品は(スイス/イタリア/フランス/アメリカ/ドイツ/日本/イギリス/中国/ギリシャ)製(ブランド)でございます。

▶ 이 제품은(스위스/이태리/프랑스/미국/독일/일본/영국/중국/그리스)산 (브랜드)입니다.

21. 説明書(保証書)は商品の中に入っております。

▶ 설명서(보증서)는 상품 안에 들어 있습니다.

22. サイズの調節ができます。(できません)

▶ 사이즈 조절은 가능(불가능)합니다.

주요단어

- 品目 품목
- 追加 추가
- 品切れ 품절
- 価格 가격
- メンバーシップカード 멤버십카드
- 積み立て 적립, 적립금
- 保証書 보증서
- ただ今 지금, 현재
- 新商品 신상품
- 歴史 역사
- それだけ 그만큼
- 割引 할인
- お買い得 시면 득이 됨
- 調節 조절
- ディスカウント 할인
- 対象外品目 대상외품목
- 誇る 자랑하다
- 値打ち 값, 가치, 값어치
- マイレージ 마일리지
- 説明書 설명서

5. アフターサービスのご案内 (A/S 안내)

기본예문

1. こちらが商品の保証書でございます。(こちらの商品は保証書付きでございます)

▶ 이것은 보증서입니다.(이것은 보증서가 있는 상품입니다.)

2. 保証書がない場合、保証を受けることができなくなりますので、大切に保管なさってください。

▶ 보증서가 없으면 보증을 받을 수 없으니 잘 보관해주시기 바랍니다.

3. 保証期間は(1年/2年)でございます。

▶ 보증기간은 (1년/2년)입니다.

4. 商品のアフターサービスをお受けになる場合は当店(本店)にお越し(お問い合わせ)ください。

▶ 상품의 A/S를 원하시면 저희 매장(본점)으로 방문(문의)바랍니다.

5. お越しになるのが困難な場合は商品をお送りくださるか、現地のアフターサービスセンターをご訪問ください。

▶ 방문이 어려우시면 물건을 보내주시거나 현지 A/S센터를 찾아주세요.

6. アフターサービスセンターは説明書に記載されております。

▶ A/S 센터는 설명서에 적혀 있습니다.

주요단어

- 保証書 보증서
- 保証期間 보증기간
- アフターサービスセンター A/S센터
- 保管する 보관하다
- 問い合わせる 문의하다
- 困難 곤란
- 現地 현지
- 記載 기재

대 화 

1. 店員：いらっしゃいませ。お客様、こちらのコーナーは全品目セール中でございます。

▸ 어서 오십시오. 손님. 저희 코너에서는 전 품목 세일 중 입니다.

お客：何%のセールですか。

▸ 몇% 세일을 합니까?

店員：ただ今25%割引販売をしております。さらにもう一つ購入されますと5%のディスカウントが追加されます。

▸ 지금 25% 할인판매를 하고 있습니다. 한 개를 더 구매할 경우 5% D/C가 추가 됩니다.

2. お客：このバーバリーのシャツと同じ色で、もう少し大きい物はありませんか。

▸ 이 버버리 셔츠랑 같은 색으로 조금 더 큰 것은 없습니까?

店員：申し訳ございませんが、お探しの品物はあいにく品切れでございます。その代わりにこちらはいかがでしょうか。

▸ 죄송하지만, 마침 찾으시는 물건이 품절되었습니다.
대신 이것은 어떻습니까?

お客：とてもきれいですね。

▸ 아주 예쁘네요.

店員：こちらの商品は現在、若い人たちの間で一番人気があります。

▸ 이 상품은 현재 젊은이들 사이에 가장 인기가 있습니다.

お客：あ、そうですか。

▸ 아, 그렇습니까?

3. 店員：こちらの商品は20%セール中でございます。現在一番人気のある商品です。

▶이 상품은 20% 세일 중입니다. 현재 가장 인기 있는 상품 입니다.

お客：これもセールしていますか。

▶이것도 세일하고 있습니까?

店員：申し訳ございません。お客様、こちらは新商品ですのでセールしておりません。

▶죄송합니다. 손님, 이것은 신상품이기 때문에 세일하지 않습니다.

お客：他の免税店も同じですか。

▶다른 면세점도 마찬가지입니까?

店員：はい、勿論です。そして私どもの免税店の価格が一番お安くなっております。

▶예. 물론입니다. 그리고 저희 면세점의 가격이 제일 쌉니다.

4. お客：とても高いですね。

▶너무 비싸네요.

店員：こちらの商品はお値段は少し高いですが、それだけの値打ちがあるかと思います。

▶이 상품은 가격이 좀 비싸지만 그만한 값어치가 있다고 생각합니다.

でしたらこちらはいかがでしょうか。あちらの商品よりもこちらの方がお手頃です。

▶그러면 이것은 어떻습니까? 저 상품보다 이 쪽이 좀 더 저렴합니다.

こちらがよろしいかと思います。

▶이것이 괜찮을 것 같습니다.

주요단어

- 全品目(ぜんひんもく) 전품목
- 値段(ねだん) 가격
- 割引販売(わりびきはんばい) 할인판매
- 手頃(てごろ) 적합함

6. 価格(かかく)のご案内(あんない) (가격안내)

기본예문

1. おいくらですか。

▸ 얼마입니까?

2. 韓国(かんこく)ウォンで15万(まん)ウォンです。

▸ 원화로 15만원입니다.

3. 本日(ほんじつ)のレートは1ドル当(あた)り80円(えん)です。

▸ 오늘 환율은 1달러당 80엔 입니다.

4. お支払(しはら)いはどうなさいますか。

▸ 계산은 어떻게 하시겠습니까?

5. お支払(しはら)いはカードでも可能(かのう)です。

▸ 계산은 카드로 가능합니다.

6. ドル、ウォン、円(えん)のみ扱(あつか)っております。

▸ 달러, 원화, 엔화로만 받습니다.

7. はい、おつりでございます。

▸ 여기 거스름돈이 있습니다.

8. 割引価格(わりびきかかく)でございます。

▸ 할인된 가격입니다.

9. 私どもの免税店は割引はいたしておりません。(定価販売です)

▶ 저희 면세점은 할인을 하지 않습니다.(정가판매입니다.)

10. デパートの半額です。

▶ 백화점의 절반 가격입니다.

주요단어

- ウォン 원화
- 扱う 취급하다, 다루다
- デパート 백화점
- レート 환시세, 환율
- 割引価格 할인가격
- 半額 반액, 반 가격
- 円 엔화
- 定価販売 정가판매

대 화

1. 店員：お支払いはいかがなさいますか。現金とクレジットカードでお支払いいただけます。

▶ 계산은 어떻게 하시겠습니까? 현금과 신용카드로 계산하실 수 있습니다.

お客：円での支払いは可能ですか。

▶ 엔화로 지불할 수 있습니까?

店員：はい、勿論です。ドルとウォンも扱っております。

▶ 네, 물론입니다. 달러, 원화도 받습니다.

2. お客 ：これはおいくらですか。

▶ 이것은 얼마입니까?

店員 ：75ドルです。

▶ 75달러입니다.

お客 ：とても高いですね。すこし安くしてもらえませんか。

▶ 너무 비싸네요. 좀 깎아주시면 안됩니까?

店員 ：申し訳ございません、お客様。当店では割引はいたしておりませんが、デパートより約30%お安くなっております。

▶ 죄송합니다, 손님. 저희 매장은 할인을 하지 않습니다만
백화점보다 약 30% 저렴합니다.

3. 店員 ：お客様、お支払いはいかがなさいますか。

▶ 손님, 계산은 어떻게 하시겠습니까?

お客 ：クレジットカードは使えますか。

▶ 신용카드로 계산할 수 있습니까?

店員 ：勿論です。

▶ 물론입니다.

4. お客 ：セール価格だといくらですか。

▶ 세일가격으로 하면 얼마입니까?

店員 ：全部で25%ディスカウントすると105ドルです。

▶ 총 25% D/C하면 105달러입니다.

お客 ：もっと安くしてもらえませんか。

▶ 더 깎아주시면 안되겠습니까?

店員 ：申し訳ございません、お客様。

▶ 손님 대단히 죄송합니다.

これ以上はちょっと難しいのですが。

▶ 더 이상은 좀 어렵습니다.

お客 ：そうですか。それなら韓国ウォンでいくらですか。

▶ 그래요? 그럼 한국 돈으로 얼마입니까?

店員 ：135,000ウォンです。

▶ 135,000원입니다.

주요단어

- 現金 현금
- クレジットカード 신용카드
- 勿論 물론
- 全部 전부, 모두
- ドル 달러

2章 세일즈 기본회화 Ⅱ

1. 면세점 쇼핑의 결제방법
2. 교환 및 환불 안내
3. VIP 카드 안내

2章 세일즈 기본회화 Ⅱ

1. 免税店ショッピングの会計方法 (면세점 쇼핑의 결제방법)

1. 市内免税店の場合

① ショッピングカードを持っているか、確認する

② ショッピングカードを持っていない場合は、パスポートと飛行機のチケットを確認する

③ 名前、パスポート番号、空港、飛行機の便名、出国日、出発時間、電話番号を入力する

④ 入力した内容をお客様に確認してもらう

⑤ 現金、またはクレジットカードで支払い

⑥ パスポートのサインをしてもらう

⑦ 商品の受取り方法と受取り場所を説明する

2. 空港の免税店の場合

① 飛行機のチケットを確認する

② 現金、またはクレジットカードで支払い

기본예문 

1. お客様、お待たせいたしました。

▸ 손님, 기다리게 해서 죄송합니다.

2. お買い求めの商品はこちらでよろしいでしょうか。

▸ 구입하시려는 상품이 맞으십니까?

3. お支払いは現金になさいますか。カードになさいますか。

▸ 계산은 현금으로 하시겠습니까? 카드로 하시겠습니까?

4. カードの暗証番号を入力してください。

▸ 카드 비밀번호를 입력해주세요.

5. カ－ドの暗証番号の入力は3回までとなっております。

▸ 카드의 비밀번호 입력은 3회까지 입니다.

6. 本日のレートは ~です。

▸ 오늘 환율은 ~입니다.

7. 他のカードはございませんか。

▸ 다른 카드는 없으십니까?

8. 団体旅行ですか。個人旅行ですか。

▸ 단체여행 이십니까? 개인여행 이십니까?

(団体の場合)ショッピングカードを拝見してもよろしいでしょうか。

(단체일 경우) 쇼핑카드를 보여주십시오.

9. ガイドさんはどちらにいらっしゃいますか。

▶ 가이드는 어디 계십니까?

10. ガイドさんのお名前、または旅行社名を教えていただけますか。

▶ 가이드 이름 또는 여행사 이름을 알려주십시오.

11. お電話番号をお願いいたします。

▶ 전화번호를 알려주십시오.

12. ショッピングカードはもう必要ないですか。

▶ 쇼핑카드는 이제 필요가 없습니까?

13. 免税店内でのお買い物の際には必要でございますので、そのままお持ち下さい。

▶ 면세점에서 물건을 살 때에는 필요하기 때문에 그대로 가지고 계십시오.

14. 申し訳ございませんが、関税法上、免税品販売に必要な情報を入力しなければなりません。

▶ 죄송하지만, 관세법상 면세품판매에 필요한 정보를 입력해야 합니다.

15. パスポート番号が必要です。パスポートをちょっと拝見してもよろしいでしょうか。

▶ 여권번호가 필요합니다. 여권 좀 보여주실 수 있습니까?

16. お名前を英語で書いていただけますか。

▶ 이름을 영문자로 적어주실 수 있으세요?

17. 英語でお客様のお名前はどう書きますか。

▶ 영어로 손님성함을 어떻게 적습니까?

18. 出国日と飛行機の便名と時間を教えていただけますか。

▶ 출국날짜와 비행기 편명, 시간을 알려 주시겠습니까?

19. 出国日、出発時間、飛行機の便名をお願いいたします。

▶ 출국날짜, 출발시간, 비행기 편명을 말씀해주십시오.

20. パスポート(チケット/VIPカード)をお願いいたします。

▶ 여권(항공권 / VIP카드)을 부탁드립니다.

21. 仁川(金浦/金海/済州)空港からご出国されますか。

▶ 인천(김포 / 김해 / 제주)공항에서 출국 하십니까?

22. こちらにサインをお願いいたします。

▶ 이곳에 싸인 부탁드립니다.

23. こちらにサイン用のペンがございます。

▶ 여기에 서명용 펜이 있습니다.

24. こちらは領収書でこちらは交換券です。

▶ 이것은 영수증이고, 이것은 교환권입니다.

25. 交換券は品物と交換する際に必要となりますので、紛失しないようお気をつけください。

▶ 교환권은 물건과 교환할 때 필요함으로 분실하지 않도록 주의해 주십시오.

26. 白い方は領収書で、赤い方は交換券です。

▶ 하얀색은 영수증이고 빨강색은 교환권입니다.

27. 交換券は赤色で、空港の引渡し所で品物と交換する際に必要となります。

▶ 교환권은 빨간색이고 공항 인도장에서 물건과 교환할 때 필요합니다.

28. 乗り継ぎされますか。お乗り継ぎされる際に手荷物を受け取られますか。

▶ 환승하십니까? 환승 시 수화물을 찾으십니까?

29. 交換券は交換券封筒に入れ保管してください。裏面に、空港の引渡し所の略図がございますので、ご参照ください。

▶ 교환권은 교환권봉투에 넣어 보관해주세요.
뒷면에 공항 인도장 약도가 그려져 있으니 참조 하십시오.

주요단어

- 買い求める 입수하다
- 出国日 출국일
- チケット 티켓
- サイン用 서명용
- 乗り継ぐ 갈아타다
- 封筒 봉투
- 個人旅行 개인여행
- 免税品 면세품
- 旅行社 여행사
- 暗証番号 비밀번호
- 便名 편명
- 領収書 영수증
- 紛失 분실
- 手荷物 수하물
- 参照 참조
- お買い求め 구입
- 英語 영어
- ショッピングカード 쇼핑카드
- レート 환율
- パスポート 여권
- 交換券 교환권
- 引渡し所 인도장
- 決済 결제
- 団体旅行 단체여행
- 関税法 관세법
- 飛行機 비행기

대 화

A. 市内の免税店の場合(시내면세점의 경우)

1. 店員 : お客様。関税法上、免税品購入の際、必要な情報を入力しなければなりません。ショッピングカードをちょっと見せていただけますか。

▶ 손님. 관세법상 면세품 구입 시 필요한 정보를 입력해야 합니다. 쇼핑카드 좀 보여 주시겠습니까?

お客 : ショッピングカードとはこれですか。

▶ 쇼핑카드면 이것입니까?

店員 : はい、そうです。お客様、少々お待ちください。

▶ 네, 그렇습니다. 손님 잠깐만 기다려 주십시오.

お客 : ショッピングカードはもう必要ないですか。

▶ 쇼핑카드는 이제 필요가 없습니까?

店員 : 免税店内でのお買い物の際には必要でございますので、そのままお持ち下さい。

▶ 면세점에서 물건을 살 때는 필요함으로 그대로 가지고 계십시오.

2. 店員 : ショッピングカードをちょっと見せていただけますか。

▶ 쇼핑카드 좀 보여 주시겠습니까?

お客 : なくしてしまったのですが。

▶ 잃어버렸어요.

店員 : でしたらパスポートを見せていただけますか。

▶ 그러면, 여권을 보여 주시겠습니까?

お客(きゃく)：パスポートがどうして必要(ひつよう)なのですか。

▶ 여권이 왜 필요합니까?

店員(てんいん)：はい、関税法上(かんぜいほうじょう)、免税品販売(めんぜいひんはんばい)に必要(ひつよう)な情報(じょうほう)を入力(にゅうりょく)しなければなりません。韓国関税法(かんこくかんぜいほう)において 税金(ぜいきん)を付加(ふか)しない品物(しなもの)については、販売(はんばい)する際(さい)、税関(ぜいかん)に届(とど)けなければなりません。

▶ 예, 관세법상 면세품판매에 필요한 정보를 입력해야 합니다. 대한민국관세법에 세금을 부과하지 않는 물품에 대해서는 판매할 때 세관에 신고를 해야만 합니다.

また、後(あと)で交換券(こうかんけん)を無(な)くした場合(ばあい)、パソコンで照会(しょうかい)することができます。そのためパスポートが必要(ひつよう)となります。

▶ 또한 나중에 교환권을 잃어버릴 경우 전산을 통해 조회를 할 수 있습니다. 그래서 여권이 필요합니다.

お客(きゃく)：はい、わかりました。どうぞ。

▶ 예, 알겠습니다. 여기 있습니다.

3. 店員(てんいん)：こちらのショッピングカードには販売情報(はんばいじょうほう)がまったく書(か)かれていませんね。

▶ 이 쇼핑카드에는 판매정보가 전혀 적혀 있지 않군요.

英語(えいご)でお客様(きゃくさま)のお名前(なまえ)はどう書(か)きますか。パスポートの通(とお)りにこちらに書(か)いていただけますか。

▶ 영어로 손님성함을 어떻게 적습니까? 여권에 표기된 그대로 여기에 좀 써 주시겠습니까?

お客(きゃく)：(全部(ぜんぶ)書(か)いた後(あと))どうぞ。

▶ (다 쓴 후) 여기 있습니다.

店員(てんいん)：出国日(しゅっこくび)と飛行機便名(ひこうきびんめい)、時刻(じこく)を教(おし)えていただけますか。

▶ 출국날짜와 비행기 편명, 시간을 알려 주십시오.

お客 ：出国日は3月15日、時間は12時、便名はKE211です。

▶ 출국날짜는 3월 15일, 시각은 12시, 편명은 KE211입니다.

店員 ：お客様、お電話番号をお願いいたします。

▶ 손님, 전화번호는 어떻게 됩니까?

お客 ：254の8756です。

▶ 254-8756번입니다.

店員 ：ガイドさんのお名前と、旅行社名を教えていただけますか。

▶ 가이드 이름과 여행사 이름은 어떻게 됩니까?

お客 ：韓国旅行社の朴恩美ガイドです。

▶ 한국여행사의 박은미 가이드입니다.

店員 ：少々お待ちください。

▶ 잠시만 기다려 주십시오.

4. 店員 ：お客様、お待たせいたしました。お支払いはいかがなさいますか。

▶ 손님 오래 기다리셨습니다. 지불은 어떻게 하시겠습니까?

お客 ：現金でお願いします。あっ、ウォンでないとだめですか。

▶ 현금으로 하겠습니다. 아, 원화가 아니면 안 됩니까?

店員 ：いいえ、ウォンでも、日本円でも大丈夫です。

▶ 아니요, 원화도 일본엔화도 다 괜찮습니다.

お客 ：じゃあ、円でお願いします。

▶ 그럼, 일본엔화로 하겠습니다.

店員 ：はい。日本円ですと13,000円になります。

▶ 일본엔화로 13,000엔입니다.

お客(きゃく) ：はい。 (お金(かね)を店員(てんいん)に渡(わた)す)

▶ 예. (현금을 점원에게 지불한다.)

店員(てんいん) ：13,000円(えん)ちょうどお預(あず)かりいたします。

▶ 정확히 13,000엔 받았습니다.

それでは、こちらにサインをお願(ねが)いいたします。

▶ 그러면, 여기에 싸인을 부탁드립니다.

お客(きゃく) ：現金(げんきん)で買(か)っても、サインが必要(ひつよう)なんですか。

▶ 현금으로 사도 싸인이 필요합니까?

店員(てんいん) ：はい。空港(くうこう)で商品(しょうひん)をお受取(うけと)りになる際(さい)に、確認(かくにん)させていただくため必要(ひつよう)となります。

▶ 네, 공항에서 상품을 수령하실 때 확인하기위해 필요합니다.

サインはパスポートと同(おな)じサインをお願(ねが)いいたします。

▶ 싸인은 여권과 동일한 싸인을 부탁드립니다.

5. 店員(てんいん) ：お客様(きゃくさま)、お待(ま)たせ致(いた)しました。お支払(しはら)いはいかがなさいますか。

▶ 손님, 오래 기다리셨습니다. 지불은 어떻게 하시겠습니까?

お客(きゃく) ：カードでお願(ねが)いします。

▶ 카드로 하겠습니다.

店員(てんいん) ：かしこまりました。カードをお預(あず)かりいたします。

▶ 알겠습니다. 카드를 받겠습니다.

まず、こちらにパスポートのサインをお願(ねが)いいたします。

▶ 우선, 여기에 여권의 싸인을 부탁드립니다.

お客(きゃく) ：はい。 (サインをする)

▶ 네, (싸인을 한다)

店員 ：次に、カードのサインをお願いいたします。

▶ 다음, 카드의 싸인을 부탁드립니다.

お客 ：はい。（サインをする）

▶ 네, (싸인을 한다)

店員 ：ありがとうございます。カードをお返しいたします。

▶ 감사합니다. 카드를 돌려 드리겠습니다.

こちらが領収書で、こちらが交換券になります。

▶ 이것은 영수증이고, 이것은 교환권입니다.

（ケース裏面の空港引渡所の略図を見せながら）

▶ 케이스 뒷면의 공항인도장 약도를 가리키면서

空港の38番ゲートでお受取り下さい。

▶ 공항 38번 게이트에서 수령하십시오.

交換券は品物と交換する際に必要となりますので、紛失しないようお気をつけください。

▶ 교환권은 물품과 교환할 때 필요함으로 분실하지 않도록 주의 하십시오.

ありがとうございました。

▶ 감사합니다.

B. 空港の免税店の場合 (공항면세점의 경우)

1. 店員 ：お客様。飛行機のチケットを確認させていただきます。

▶ 손님 비행기 티켓을 확인하겠습니다.

お客 ：はい。これです。

▶ 예, 여기 있습니다.

店員 ：ありがとうございます。

▶ 감사합니다.

店員：お支払は現金になさいますか。カードになさいますか。

▶ 지불은 현금으로 하시겠습니까? 카드로 하시겠습니까?

お客：現金で。ウォンで払います。

▶ 현금, 원화로 지불하겠습니다.

店員：はい、かしこまりました。では、37,000ウォンになります。

▶ 네, 그럼, 37,000원 입니다.

お客：はい。（お金を店員に渡す）

▶ 예. (현금을 점원에게 지불한다.)

店員：40,000ウォンお預かりいたします。

▶ 40,000원 받았습니다.

お待たせ致しました。3,000ウォンとレシートのお返しでございます。ありがとうございました。

▶ 오래 기다렸습니다. 3,000원과 영수증입니다. 감사합니다.

주요단어

- サイン 사인, 서명
- 裏面 뒷면
- 位置 위치
- 渡す 건네다, 넘기다
- 空港 공항
- 保管 보관
- 引渡し所 인도장

2. 交換及び返品(払い戻し)のご案内 (교환 및 환불 안내)

기본예문

1. 交換できますか。

▸ 교환이 가능할까요?

2. 交換(払い戻し)はお会計されたカウンターでいたしております。

▸ 교환(환불)은 계산하신 카운터에서 해드리고 있습니다.

3. もう少し大きいサイズに替えたいのですが。

▸ 좀 더 큰 사이즈로 바꾸고 싶습니다만.

4. 領収書を拝見してもよろしいでしょうか。

▸ 영수증을 보여 주시겠습니까?

5. さっき買った商品を返品したいのですが。

▸ 좀 전에 산 상품을 반품(취소)하고 싶습니다만.

6. 同じ商品のサイズ(お色)のみご変更されますか。

▸ 동일 상품의 사이즈(색상)으로 변경하시겠습니까?

7. 不良商品はお取り替えいたします。

▸ 상품이 불량이면 바꿔드립니다.

8. 取り消しのためにご使用されたクレジットカードをちょっと見せていただけませんか。

▶ 판매취소를 하기 위해 결재한 신용카드를 좀 주실 수 있습니까?

9. こちらでございます。こちらはキャンセルした領収書です。

▶ 여기 있습니다. 이것은 판매 취소 영수증입니다.

10. 交換(返品)は1ヶ月以内に限り可能でございます。

▶ 교환(반품)은 1개월 이내에만 가능합니다.

11. 変更事項を全て確認いたしました。 2月2日に空港でご購入された商品をお受け取りいただけます。

▶ 변경사항들은 모두 확인되었습니다. 2월 2일 공항에서 구매하신 물건을 받아 가실 수 있습니다.

12. 誠に申し訳ございません。開封(着用)なさった後は、交換(払い戻し)いたしかねます。

▶ 죄송합니다만, 개봉(착용) 후에는 교환(환불)이 되지 않습니다.

주요단어

- 払い戻し 환불
- 替える 바꾸다, 교환하다
- 返品 반품
- 取り替える 바꾸다
- 限り 한, 한계, 끝
- 着用 착용
- お会計 계산
- 拝見 삼가 봄
- 変更 변경
- 取り消し 판매 취소
- 変更事項 변경사항
- 全て 모두, 대체로
- カウンター[counter] 계산대
- さっき 아까, 조금 전
- 不良商品 불량상품
- 以内 이내
- 開封 개봉

대 화

1. 店員(てんいん) : いらっしゃいませ。どうなさいましたか。

▶ 어서 오십시오. 무엇을 도와드릴까요?

お客(きゃく) : 購入(こうにゅう)した商品(しょうひん)のサイズが小(ちい)さくて、もっと大(おお)きいサイズに替(か)えたいのですが。交換(こうかん)できますか。

▶ 구입한 상품의 사이즈가 작아서 좀 더 큰 사이즈로 바꾸고 싶습니다. 교환이 가능합니까?

店員(てんいん) : はい、もちろんです。少々(しょうしょう)お待(ま)ちくださいませ。

▶ 예, 가능합니다. 잠시만 기다려 주십시오.

こちらでございますね。

▶ 여기 원하시는 상품입니다.

お客(きゃく) : ありがとうございます。

▶ 감사합니다.

2. 店員(てんいん) : どうなさいましたか。不良商品(ふりょうしょうひん)でしたらお取(と)り替(か)えいたします。

▶ 무엇이 잘못 되었습니까? 상품이 불량이면 바꿔드립니다.

お客(きゃく) : はい、購入(こうにゅう)した品物(しなもの)にしっかりと縫(ぬ)われていないところがありました。

▶ 예, 구입한 물건에 박음질이 잘못 되어있는 곳이 있었습니다.

3. お客(きゃく) : さっき買(か)った商品(しょうひん)を返品(へんぴん)したいのですが。

▶ 좀 전에 산 상품을 반품(취소)하고 싶습니다만.

店員(てんいん) : はい、お客様(きゃくさま)。取(と)り消(け)しのために先程使用(さきほどしよう)されたクレジットカードと交換券(こうかんけん)が必要(ひつよう)です。

▶ 예, 손님. 판매취소를 하기 위해 선 결재한 신용카드와 교환권이 필요합니다.

お客 ：はい、どうぞ。

▶ 예, 여기 있습니다.

店員 ：お待たせいたしました。こちらにサインをお願いいたします。こちらは販売取り消しの領収書です。

▶ 오래 기다리셨습니다. 여기 싸인을 부탁드립니다.
이것은 판매취소 영수증입니다.

4. お客 ：他のデザインに替えたいのですが。

▶ 다른 디자인으로 바꾸고 싶은데요.

店員 ：でしたらこのようなデザインはいかがでしょうか。
現在韓国、日本だけでなく中国でも人気があります。

▶ 그러시면 이런 디자인은 어떻습니까?
현재 한국, 일본, 뿐만 아니라 중국에서도 인기가 있습니다.

お客 ：そうですか。それならこれにします。包装していただけますか。

▶ 그래요? 그러면 이것으로 하겠습니다. 포장은 가능합니까?

店員 ：申し訳ございません。包装は税関検査のためできないことになっております。

▶ 죄송합니다만, 포장은 세관검사 때문에 불가능합니다.

주요단어

- サイズ[size] 사이즈
- しっかり 확실히, 똑똑히
- もっと 더욱, 좀더
- 縫う 바느질하다, 꿰매다
- 少々 조금, 잠시
- デザイン[design] 디자인

3. VIPカードのご案内 (VIP카드 안내)

기본예문

1. メンバーシップカードは、満14歳以上で外国人登録番号があればご加入いただけます。外国人登録番号がない場合には、VIPカードの発行はできますが、 メンバーシップのマイレージの積み立て及びご使用はできません。

▸ 멤버십 카드는 만 14세 이상이며 외국인등록번호가 있는 경우 가입이 가능하십니다. 외국인등록번호가 없는 경우 VIP 카드 발급은 가능하나 멤버십의 마일리지적립 및 사용혜택은 불가능합니다.

2. 免税店のVIPカードは、案内デスクで発行いたしております。

▸ 면세점 VIP카드는 안내데스크에서 발급 해 드립니다.

3. 加入費はございません。

▸ 가입비는 없습니다.

4. メンバーシップカードをお持ちのお客様には、5%~15%割引させていただいております。

▸ 멤버십 카드를 소지하신 고객에게는 5%~15%를 할인해드립니다.

5. メンバーシップカードは、年間累積購入額$1,000以上の領収書を提示していただきますと発行いたします

▸ 멤버십카드는 년간 $1,000 이상을 구매한 영수증을 보여주시면 발급해 드립니다.

6. 外国国籍のお客様の場合、VIPシルバーカードは$2,000以上、VIPゴールドカードは$10,000以上ご購入になりますと発行いたします。

▶ 외국인의 경우, VIP 실버카드는 $2,000이상, VIP 골드 카드는 $10,000 이상 구매하시면 발급 받을 수 있습니다.

7. パスポートを提示のうえ、加入申請書にご記入ください。

▶ 여권을 보여주시고 가입 신청서를 작성해 주십시오.

8. マイレージは$1当たり1点、積み立てられます。

▶ 마일리지는 $1 당 1점 적립됩니다.

9. メンバーシップカードのマイレージの有効期間は24ヶ月でございます。

▶ 멤버십 카드의 마일리지 유효기간은 24개월입니다.

10. お待たせいたしました。カードの発行が完了いたしました。

▶ 오래 기다렸습니다. 카드 발급이 완료되었습니다.

11. こちらのプリペイドカードは全店でご使用いただけます。

▶ 이 선불카드는 전 매장에서 사용 가능합니다.

12. こちらのポイントカードは当店でのみご使用いただけます。

▶ 이 포인트 카드는 저희 매장에서만 사용 가능합니다.

주요단어

- 累積購入額 누적구입액
- 領収書 영수증
- 完了 완료
- ゴールドカード 골드카드
- 有効期間 유효기간
- 外国人登録番号 외국인등록번호
- 発行する 발급하다
- 加入費 가입비
- 提示 제시
- お買い上げ 사심
- プリペイドカード 선불카드
- 案内デスク 안내데스크
- 積み立て 적립, 적립금
- シルバーカード 실버카드
- 加入申請書 가입신청서
- 差し上げる 드리다

3章 면세점 안내

1. 면세점 이용 안내
2. 전달 및 물품 수령 안내

3章 면세점 안내

1. 免税店ご利用案内 (면세점 이용 안내)

(1) 物品受け取り、引渡しのご案内(물품수령 및 인도 안내)

購入された商品は、韓国から出国される空港の引渡し所へお運びしますので、出国手続きをお済ましになり、搭乗なさる前に、空港の引渡し所にて、パスポート、交換券、搭乗券をご持参の上、商品をお受け取りください。

▶ 구입하신 상품은 한국의 출국공항 인도장으로 운송하여 드리오니, 출국수속을 마치시고 탑승하시기 전에 공항 인도장에서 여권, 교환권, 탑승권을 소지하시고 상품을 수령해 주십시오.

(2) 搭乗券、パスポート持参のご案内 (탑승권, 여권 지참 안내)

出国されるご本人が、パスポートを持参され、出国情報（出国日時、空港名、便名）をご確認の上、免税店をご訪問くださる場合にのみ、お買い物が可能となります。

▶ 출국하시는 본인이 여권을 지참하여, 출국정보(출국일시, 공항, 편명)를 확인 하신 후 면세점을 방문하는 경우에만 쇼핑이 가능합니다.

(3) 購入限度額のご案内 (구매 한도액 안내)

出国される際、外国人の方は購入限度がございません。ただし、入国なさる際は、免税店および海外で購入された物品の総額が400ドルを超える場合には、税関申告時、税金を自主的に納めなければならず、申告漏れがあった場合、加算税が課せられます。

▶ 출국 시 외국인은 구매한도가 없습니다. 단, 입국 시 면세점 및 해외에서 구입한 물품의 총액이 $400을 초과하는 경우, 세관신고 시 세금을 자진 납부하여야 하며, 미신고시 과태료가 부과됩니다.

주요단어

- 購入 구입
- 済ます 끝내다, 마치다
- 搭乗券 탑승권
- 空港名 공항명
- 購入限度 구입한도
- および 및, 과
- 税関申告 세관신고
- 納める 납입하다, 납품하다
- 課せられる 부과되다
- 空港 공항
- 持参 지참
- 出国情報 출국정보
- 便名 편명
- ただし 단, 다만
- 物品 물품
- 税金 세금
- 申告漏れ 신고 누락
- 出国手続き 출국수속
- 交換券 교환권
- 出国日時 출국일시
- 訪問 방문
- 入国 입국
- 総額 총액
- 自主的 자주적
- 加算税 가산세

2. 商品のお引渡しのご案内 (전달 및 물품수령 안내)

기본예문

1. 韓国の商品はすぐにお持ち帰りいただけます。
   - 한국 상품은 바로 가지고 나갈 수 있습니다.

2. ご購入された商品は、ご出国の際に空港の引渡し所で引換券をご提示のうえ、ご本人様のみお受け取りいただけます。
   - 구매하신 상품은 출국 시 공항 인도장에서 교환권을 제시하면 본인에 한해서 물품을 받을 수 있습니다.

3. 税関法上、市内の免税店でご購入された商品でも空港でお引渡ししております。ただし、韓国製の商品はその場でお引渡しいたしております。
   - 세관법상 시내면세점에서 구입한 물건도 공항에서 인도합니다. 단, 한국 토산품은 그 자리에서 인도가 가능합니다.

4. 韓国の免税規定ですのでご了承ください。
   - 한국의 관세법이니 양해해 주시기 바랍니다.

5. こちらの商品は輸入した免税品ですので、こちらではなく、空港でのお引渡しとなっております。
   - 이 제품은 수입한 면세품이기 때문에 여기서 물건을 드릴 수 없고, 공항 인도장에서 드립니다.

6. 免税品は空港でのお受け取りとなっております。
   - 면세품은 공항에서 받도록 되어있습니다.

7. そのままここで品物を受け取ることはできませんか。

▶ 그냥 여기서 물건을 받을 수 없습니까?

8. 申し訳ございません。韓国の関税法上、お渡しできないことになっております。

▶ 죄송하지만, 한국 관세법상 불가능합니다.

9. 品物は空港の引渡し所でお受け取りになれます。

▶ 물건은 공항인도장에서 받으실 수 있습니다.

10. 空港の引渡し所の位置は交換券封筒の裏面の略図をご覧ください。

▶ 공항인도장의 위치는 교환권 봉투 뒷면의 약도를 보시면 됩니다.

11. 2番、3番の国際線搭乗口で出国手続きをされた後、品物を引き取られますと便利です。

▶ 2번, 3번 국제선탑승구에서 출국수속 후 물건(상품)을 수령하시면 편리합니다.

12. 仁川空港国際線4階、29番ゲートの横の引渡し所で受け取られると便利です。

▶ 인천공항 국제선 4층 29번 게이트 옆 인도장에서 받으시면 편리합니다.

13. ジェルや液体類の商品は、引渡し所でご確認後、搭乗ゲートでお受け取りいただけます。

▶ 젤, 액체류 상품은 인도장에서 확인 후 탑승 GATE에서 수령하실 수 있습니다.

14. 欧米/オーストラリア行きのお客様は、搭乗ゲートで商品をお受け取りいただけます。

▶ 구미/호주행 손님은 탑승 GATE에서 상품을 수령할 수 있습니다.

15. お乗り継ぎされる場合には、液体類は購入(所持)できません。

▶ 환승하실 경우에는 액체류를 구입(소지)하실 수 없습니다.

16. お乗り継ぎされる際に荷物を受け取られましたらトランクにお入れください。

▶ 환승하실 때 짐을 찾으시면 트렁크에 넣어주십시오.

주요단어

- 引換券 교환권
- お土産 선물, 토산품
- 輸入 수입
- 国際線 국제선
- 欧米 구미(유럽과 미국)
- 荷物 짐
- 持ち帰る 가지고 돌아감
- 免税規定 면세규정
- 交換券封筒 교환권봉투
- 搭乗口 탑승구
- 乗り継ぎ 환승
- 受け取る 받다, 수취하다
- 提示 제시
- 了承 승낙, 양해
- 略図 약도
- 液体類 액체류
- 所持する 소지하다

대 화

1. 店員 : 韓国の商品はすぐお持ち帰りいただけますが、免税品は空港の引渡し所でお受け取りいただけます。

▸ 한국 상품은 바로 가지고 나갈 수 있습니다만, 면세품은 공항 인도장에서 받으실 수 있습니다.

お客 : え、そのままここで品物を受け取れないんですか。

▸ 예? 그냥 여기서 물건을 받을 수 없습니까?

店員 : 申し訳ございません、韓国の関税法上、こちらではお受け取りできません。

▸ 죄송하지만, 한국 관세법상 여기서 받으실 수 없습니다.

お客 : そうですか。ここで受け取りたいのですが。

▸ 그렇습니까? 여기서 받고 싶은데요.

店員 : 申し訳ございません、お客様。こちらの商品は輸入した免税品ですので、空港でのお引渡しとなっております。

▸ 손님, 대단히 죄송합니다. 이 상품은 수입한 면세품이기 때문에 공항에서 수령하도록 되어 있습니다.

2. 店員 : 品物は空港でのお受け取りになります。

▸ 물건은 공항에서 받으실 수 있습니다.

お客 : そうですか。空港のどこで受け取ることができますか。

▸ 그래요? 공항 어디에서 받을 수 있습니까?

店員 : 空港内の引渡し所でお受け取りいただけます。

▸ 공항 내 인도장에서 받으실 수 있습니다.

位置は交換券封筒の裏面の略図をご覧ください。

▶ 위치는 교환권봉투 뒷면에 약도를 보시면 됩니다.

お客 : (交換券の裏面を見ながら)どこにありますか。

▶ (교환권 뒷면을 보면서) 어디에 있습니까?

店員 : 2番、3番の国際線搭乗口で出国手続きをされた後、品物を受け取られますと便利です。

▶ 2번, 3번 국제선탑승구에서 출국수속 후 물건을 수령하시면 편리합니다.

3. 店員 : こちらの製品は輸入した免税品ですので、こちらで品物をすぐにお渡しすることはできません。

▶ 이 제품은 수입한 면세품이기 때문에 여기서 물건을 곧바로 드릴 수 없습니다.

お客 : 品物はここで買ったのに持っていけないなんて…。

▶ 물건은 여기서 샀는데 가져갈 수 없다고요?

店員 : 申し訳ございません、お客様。関税法上、お渡しできないことになっております。出国される際、空港でお受け取りください。

▶ 죄송합니다. 손님, 관세법상 불가능합니다.
출국하실 때 공항에서 받으십시오.

お客 : でも、品物を受け取れなかったり、間違って他の品物になったりした場合はどうすればいいですか。

▶ 그런데 물건을 못 받거나 잘못하여 다른 물건이 올 경우는 어떻게 합니까?

店員 : 品物を紛失するようなことはございませんので心配なさらないでください。万一そのような場合は、私どもの免税店へお電話くださればご自宅へ郵便でお届けいたします。

▶ 물건을 잃어버리는 경우는 없으니 걱정마세요. 만약 그런 경우는 저희 면세점으로 전화를 주시면 집주소로 우편을 통해 상품을 보내 드립니다.

お客 ：そうですか。よく分かりました。

▶ 그렇습니까? 잘 알겠습니다.

주요단어

- そのまま 그대로
- 裏面 뒷면
- 心配 근심, 걱정
- 自宅 자택
- 品物 물건, 상품
- 便利 편리
- 信頼 신뢰
- 郵便 우편
- 位置 위치
- 間違う 틀리다, 잘못되다
- 紛失する 분실하다
- 万一 만에 하나, 만약

4章 상품별 안내

1. 기초 및 기능성 화장품
2. 향수
3. 담배
4. 주류(양주, 와인, 전통주)
5. 식품
6. 귀금속
7. 시계
8. 구두, 벨트, 악세서리
9. 가방, 지갑
10. 타이, 스카프
11. 선글라스, 안경
12. 의류
13. 기념품, 잡화
14. 기타

4章 상품별 안내

● 代表的(だいひょうてき)な海外(かいがい)ブランド (대표적인 해외브랜드)

GUCCI	구찌	グッチ	Cartier	까르띠에	カルティエ
Dior	디올	ディオール	dunhill	던힐	ダンヒル
LANCEL PARIS	란셀	ランセル	MONT BLANC	몽블랑	モンブラン
PRADA	프라다	プラダ	Ω OMEGA	오메가	オメガ
FENDI	펜디	フェンディ	COACH	코치	コーチ
LOUIS VUITTON	루이비통	ルイヴィトン	BURBERRY	버버리	バーバリ—
BVLGARI	불가리	ブルガリ	Paul Smith	폴스미스	ポールスミス
CHANEL	샤넬	シャネル	LANCOME PARIS	랑콤	ランコム
HERMES	에르메스	エルメス	CÉLINE	세린느	セリーヌ
Salvatore Ferragamo	살바토레 페라가모	サルヴァトーレフェラガモ	POLO RALPH LAUREN	폴로 랄프로렌	ポロラルフローレン

1. 化粧品（화장품）

기본예문

1. プレゼント用でしょうか。

▶ 선물용입니까?

2. お使いになる方はおいくつぐらいの方ですか。

▶ 사용하실 분의 연령대는 어떻게 됩니까?

3. お若い方ですか、それとも年輩の方ですか。

▶ 젊으신 분입니까? 아니면 나이 드신 분입니까?

4. 塗ってみてもいいですか。

▶ 발라 봐도 괜찮습니까?

5. セット商品が単品よりも10%~20%程お安くなっております。

▶ 세트상품이 단품보다 10%~20%정도 가격이 저렴합니다.

6. エイジングケア用のクリームです。

▶ 노화방지용 크림입니다.

7. お肌を再生させる効果があります。

▶ 피부를 재생시키는 효과가 있습니다.

8. シワを改善する効果のある製品でございます。

▶ 주름을 개선하는 효과가 있는 제품 입니다.

9. 保湿に優れております。

▶ 보습이 뛰어납니다.

10. べた付きやテカリがございません。

▶ 끈적이거나 번들거리지 않습니다.

11. しっとりとしています。

▶ 촉촉합니다.

12. 高濃縮のクリームでございます。

▶ 고농축 크림입니다.

13. オイルフリ－(アルコールフリ－)でございます。

▶ 오일프리(알코올프리) 제품입니다.

14. クレンジング製品でございます。

▶ 클린징 제품입니다.

15. セルライト減少効果のある製品です。

▶ 셀룰라이트 감소효과가 있는 제품입니다.

16. 容量は(15/30/50/100)mlでございます。もっと大きな(小さな)サイズもございます。

▶ 용량은 (15/30/50/100)ml입니다. 더 큰(작은) 사이즈도 있습니다.

17. こちらのサンクリームはSPFが高く、紫外線遮断時間が長くなっております。

▶ 이 선크림은 SPF가 높아 자외선 차단시간이 깁니다.

18. UV効果のあるクリームが入っているメイクアップベースです。

▸ UV효과가 있는 크림이 들어있는 메이크업 베이스입니다.

19. こちらのメイクアップパレットは、最新流行のカラーです。

▸ 이 메이크업 팔레트는 최신 유행 칼라입니다.

20. お肌の角質を取り除き、お肌を再生させます。

▸ 피부의 각질을 제거해 주고 피부를 재생시켜 줍니다.

21. シミやソバカスに効果のある美白化粧品でございます。

▸ 기미와 주근깨에 효과가 있는 미백기능 화장품입니다.

22. シミやソバカスを改善し、弾力のあるお肌に作りかえます。

▸ 기미와 주근깨를 개선하고 탄력 있는 피부로 만들어 줍니다.

23. シワの改善（毛穴収縮、美白、スリミング）効果まであります。

▸ 주름개선 (모공수축, 미백, 슬리밍) 효과까지 있습니다.

24. 乾燥肌、混合肌、脂性肌のうち、どちらのタイプですか。

▸ 건성피부, 중성피부, 지성피부 중 어느 타입입니까?

25. こちらのマスカラはまつげを長く見せる効果があり、ウォータープルーフです。

▸ 이 마스카라는 속눈썹이 길게 보이게 하는 효과가 있으며 물에도 강합니다.

26. お客様のお肌のトーンにはこちらのカラーがよくお似合いですよ。

▸ 고객님의 피부톤에는 이 색이 잘 어울리십니다.

27. こちらのパールファンデーションは、華やかながらも自然な感じのお肌を表現できます。

▶ 이 펄 화운데이션은 화사하면서도 자연스런 피부를 표현할 수 있습니다.

28. リップスティックセットは個別に包装されており、プレゼントに適しています。

▶ 립스틱세트는 개별 포장되어 선물용으로 적당합니다.

29. こちらは角質除去用のスクラブ(パック)で、こちらは保湿剤でございます。

▶ 이것은 각질제거 스크럽(팩)이고 이것은 보습제입니다.

30. こちらはメークアップを落とすクレンジングで、こちらはシワを改善する効果のある栄養クリームでございます。

▶ 이것은 색조화장을 지우는 클렌징이고, 이것은 주름개선 효과가 있는 영양크림 입니다.

31. パウダーはブラシにかるく付けてお顔全体におつけ下さい。

▶ 파우더는 브러시에 가볍게 묻혀서 얼굴 전체에 바르시면 됩니다.

32. パフにパウダーを付けてお顔全体にかるく叩くようにおつけ下さい。

▶ 퍼프에 파우더를 묻혀서 얼굴 전체에 가볍게 두드리며 발라주세요.

33. ジバンシィは刺激が少なく低脂肪成分が含まれているため、べた付きがなくお肌のトラブルも少ない化粧品でございます。

▶ 지방시는 무 자극성이고 저지방이기 때문에, 끈적거리지 않고 피부에 트러블이 적은 화장품입니다.

35. お肌の再生を助けてくれます。

▸ 피부재생을 도와줍니다.

36. こちらは人気のかたつむりクリームでございます。かたつむりの粘液には、皮膚の再生を促す効果があると言われています。

▸ 이것은 인기 있는 달팽이 크림입니다. 달팽이 점액에는 피부재생을 촉진시키는 효과가 있다고 합니다.

37. 口元や目元のシワ、ニキビ跡を改善し、老化を防止してお肌にハリと弾力を与えてくれます。

▸ 입 주위나 눈 주위의 주름, 여드름자국을 개선하고, 노화를 방지해서 피부에 탄력을 줍니다.

38. 自然の成分から作られているので、どんな肌質の方でもお使いいただけますし、敏感肌の方にもお勧めです。

▸ 자연성분으로 만든 것으로 어떤 피부의 소유자라도 사용할 수 있으며, 피부가 민감한 분에도 권합니다.

39. かたつむりのパックは手軽なお土産としてとても人気があります。

▸ 달팽이 팩은 간단한 선물로도 아주 인기가 많습니다.

40. 毒蛇パックは実際に毒蛇の毒を使用しているのではなく、同様の効果を持つ人工化学物質が使われています。

▸ 독사 팩은 실제 독사의 독을 사용하는 것은 아니고 같은 효과를 가진 인공화학물질을 사용합니다.

41. 洗顔後、化粧水等で整えた後にシートパックを目の周りから顔にはりつけます。15~20分程度放置した後にはがして、お肌を両手で軽く叩きながら残ったエッセンスを吸収させます。

▶ 세안 후 스킨으로 정리한 후 시트 팩을 눈 주위부터 얼굴에 붙입니다. 15~20분정도 방치한 후에 떼어내고, 피부를 양손으로 가볍게 두드리며 남은 엣센스를 흡수시킵니다.

주요단어

- プレゼント用 선물용
- 単品 단품
- シワ 주름
- 保湿 보습
- しっとり 촉촉하게
- 減少 감소
- 紫外線 자외선
- 除去 제거
- ソバカス 주근깨
- シミ 기미, 검버섯
- 弾力 탄력
- 角質除去 각질제거
- 刺激 자극
- 低脂肪成分 저지방성분
- テカリ　번들거리다
- 促す 재촉하다, 촉구하다
- ニキビ跡 여드름자국
- 人工化学物質 인공화학물질
- はがす 벗기다
- エイジングケア 노화방지
- 年輩 연배
- お肌 피부
- 優れる 우수하다
- 高濃縮 고농축
- 容量 용량
- 最新流行 최신유행
- 再生 재생
- 美白 미백
- 毛穴収縮 모공수축
- 混合肌 중성피부
- 華やか 화려하다
- まつげ 속눈썹
- 適する 적합하다
- 整う 정돈되다
- 効果 효과
- 口元 입가
- ハリ 탄력
- はりつける 붙이다
- 目の周り눈 주위
- 塗る 바르다, 칠하다
- 老化 노화
- 防止 방지
- 改善 개선
- 水分 수분
- べた付く 끈적거리다
- 角質 각질
- 遮断 차단
- 脂性肌 지성피부
- 個別 개별
- 乾燥肌 건성피부
- 栄養 영양
- 叩く 두드리다
- 毛穴 땀구멍
- 目元 눈매, 눈가장
- 敏感肌 민감피부
- 手軽だ 간단함
- 整える 정리하다
- 化粧水 스킨

대 화

1. 店員(てんいん) : こちらの製品(せいひん)はエイジングケア用(よう)のクリームでございます。

▶ 이 제품은 노화방지용 크림입니다.

お客(きゃく) : 塗(ぬ)ってみてもいいですか。

▶ 발라 봐도 괜찮습니까?

店員(てんいん) : 勿論(もちろん)です。鏡(かがみ)をどうぞ。

▶ 물론입니다. 여기 거울이 있습니다.

こちらの化粧品(けしょうひん)は、シミやソバカスを改善(かいぜん)し、弾力(だんりょく)のあるお肌(はだ)に作(つく)りかえてくれます。

▶ 이 화장품은 기미와 주근깨를 제거해 주고 탄력적인 피부로 만들어 줍니다.

シワの改善(かいぜん)(毛穴収縮(けあなしゅうしゅく)、美白(びはく))効果(こうか)までございます。

▶ 주름개선 (모공수축, 미백) 효과까지 있습니다.

お客(きゃく) : 肌(はだ)のトラブルは起(お)こりませんか。

▶ 피부 트러블은 일어나지 않습니까?

店員(てんいん) : まれにありますが、ほとんど心配(しんぱい)ございません。こちらのティッシュで、お拭(ふ)きください。

▶ 간혹 있지만 걱정하지 않아도 됩니다. 여기 티슈로 닦으십시오.

2. 店員(てんいん) : こちらの商品(しょうひん)は、UV効果(こうか)のあるメイクアップベースです。

お客様(きゃくさま)は乾燥肌(かんそうはだ)、混合肌(こんごうはだ)、脂性肌(しせいはだ)のうち、どちらのタイプですか。

▶ 이 제품은 자외선 차단 크림이 들어있는 메이크업 베이스 입니다. 손님은 건성, 중성, 지성 중 어느 피부타입입니까?

お客 ：乾燥肌のようです。肌がとても乾燥してつっぱります。

▶ 건성인 것 같아요. 피부가 많이 건조하고 당깁니다.

店員 ：でしたらこちらがいいかと思います。塗った後の感じがさわやかで、しっとり感があります。

▶ 그럼 이게 좋겠군요. 바른 후 느낌이 산뜻해서 촉촉한 느낌이 있습니다.

3. 店員 ：こちらのパールファンデーションは華やかながらも自然な感じに仕上がります。

▶ 이 펄 파운데이션은 화사하면서 자연스런 피부를 표현할 수 있습니다.

お客 ：私の肌には暗くないですか。

▶ 제 피부에 어둡지 않을까요?

店員 ：いいえ。よくお似合いだと思います。また、カバー力も優れています。

▶ 아닙니다. 잘 어울리실 겁니다. 또한 커버력도 뛰어납니다.

お客 ：いつ作られた商品ですか。

▶ 언제 만들어진 상품입니까?

使用期限はどのくらいですか。

▶ 유효기간은 언제까지입니까?

店員 ：今年作られたので２年くらい大丈夫です。

▶ 올해 만들어졌기 때문에 2년 정도.

4. お客 ：あまり色落ちしないリップスティックはどれですか。

▶ 잘 지워지지 않는 립스틱은 어느 것 입니까?

店員 ：こちらの商品はいかがでしょうか。世界トップブランドであるクリスチャンディオールの商品です。セット商品が単品より10~20%程お安くなっております。

▶ 이 제품은 어떻습니까? 세계 TOP브랜드인 크리스찬 디올 제품입니다. 세트상품이 단품보다 10~20% 정도 가격이 저렴합니다.

お客 : セット商品は色の交換が可能ですか。

▶ 립스틱 SET상품은 칼라 교환이 가능합니까?

店員 : はい、勿論です。プレゼント用ですか。

▶ 예, 물론입니다. 선물용이십니까?

リップスティックセットは個別に包装されていますので、プレゼントに適しています。

▶ 립스틱 세트는 개별 포장되어 선물용으로 적당합니다.

お客 : エスティローダー(Estee Lauder)のリップグロスはどこにありますか。

▶ 에스티로더 립글로스는 어디 있어요?

店員 : あちらにございます。一度ご覧になりますか。

▶ 저쪽에 있습니다. 한 번 보시겠습니까?

5. お客 : エスティローダーのメイクアップパレットをちょっと見せてもらえますか。

▶ 에스티로더 메이크업 파렛트 좀 볼 수 있을까요?

無難な色はどれですか。

▶ 무난한 칼라는 어떤 것입니까?

店員 : こちらです。こちらの商品は最新流行のカラーです。

▶ 이것입니다. 이 제품은 최신 유행 칼라입니다.

お客 : そうですか。じゃあこれにします。マスカラはどこですか。

▶ 그렇습니까? 그럼 이것으로 하겠습니다. 마스카라는 어디에 있어요?

店員 : こちらにございます。このマスカラはまつげを長く見せる効果があり、ウォータープルーフです。

▶ 이쪽에 있습니다. 이 마스카라는 속눈썹을 길게 보이는 효과가 있고 물에도 강합니다.

6. お客 ：エスティローダーの女性用の基礎化粧品をちょっと見せてもらえますか。つける順序はどうなっていますか。

▶ 에스티로더 여성용 기초화장품 좀 볼 수 있습니까? 바르는 순서는 어떻게 되죠?

店員 ：化粧水の後に乳液をつけ、アイクリームと美容液、

▶ 스킨을 먼저 바른 후 로션을 바르고, 아이크림과 에센스,

最後にしわ改善効果のある栄養クリームをおつけ下さい。

▶ 마지막으로 주름개선효과가 있는 영양크림을 바르세요.

お客様がお使いになりますか。それともプレゼント用ですか。

▶ 손님이 사용하실 겁니까? 아니면 선물용 입니까?

お客 ：頼まれた物なので混合肌タイプをください。

▶ 부탁을 받은 것이니까 중성타입으로 주십시오.

店員 ：でしたらこちらの商品がよろしいかと思います。

無香料、無臭でアレルギーテスト済みの化粧品です。

▶ 그럼 이 제품이 좋은 것 같습니다.
무향, 무취이며 알레르기 테스트를 거친 화장품입니다.

7. 店員 ：こちらが、BBクリームです。

▶ 이것이 BB크림입니다.

裏に日本語の説明があるので便利です。

▶ 뒷면에 일본어로 설명이 되어있어 편리합니다.

よかったら一度お試しください。

▶ 괜찮으시다면 한번 발라 보십시오.

最近、一番人気のある商品がこちらです。

▶ 요즈음 가장 인기 있는 제품이 이것입니다.

美白効果とUV効果もあり、ベースやファンデーションの代わりにもお使いになれます。

▶ 미백 효과와 자외선 차단효과도 있으며, 베이스와 화운데이션 대신에 사용하셔도 좋습니다.

お客 ：そうですか。韓国のBBクリームは有名ですからね。

▶ 그렇습니까? 한국의 BB크림은 유명하죠.

店員 ：一つ8ドルなのでプレゼントされるなら、こちらがお得です。

▶ 1개에 8달러이므로 선물용으로라면 이것이 좋습니다.

お客 ：それではこれにします。

▶ 그럼 이것으로 하겠습니다.

店員 ：どうもありがとうございました。またお越しくださいませ。

▶ 대단히 감사합니다. 또 오십시오.

8. お客 ：使用期限はどのくらいですか。

▶ 유효기간은 얼마나 되죠?

店員 ：こちらの化粧品の使用期限は開封しなければ2年、開封した後は1年半です。男女共にお使いになれる化粧品です。

▶ 이 화장품의 유통기한은 개봉하지 않으면 2년, 개봉한 후에는 1년 반 입니다. 남녀 공용사용이 가능한 화장품입니다.

店員 ：こちらは、コラーゲンが配合された栄養クリームで、しわ改善効果のある商品です。

▶ 이것은 콜라겐이 함유된 영양크림으로 주름개선 효과가 있는 상품입니다.

9. お客 : 乾燥しやすい肌にいいものがありますか。

▶ 건조 피부에 좋은 것이 있습니까?

店員 : はい、ございます。

このごろは冷暖房がよく効いておりますので、お肌が乾燥しやすいですよね。

▶ 네 있습니다.
요즈음은 냉난방이 잘 되어 있어서 피부가 건조해지기 쉽지요.

お肌の乾燥はすぐシワになります。

▶ 피부의 건조는 바로 주름이 됩니다.

お肌のお手入れに何よりも大切なのは充分な水分を与えることです。

▶ 피부손질에 무엇보다도 중요한 것은 충분한 수분을 공급하는 것입니다.

こちらは新製品で保湿効果が高いですから、とてもよろしいかと思いますが、いかがでしょうか。

▶ 이것은 신제품으로 보습 효과가 높기 때문에 대단히 좋다고 생각됩니다만 어떻습니까?

店員 : お顔全体にかるく伸ばすようにおつけ下さい。

▶ 얼굴 전체에 가볍게 펴 바르시면 됩니다.

10. 店員 : 何かお探しの品物はございますか。

▶ 뭐 찾으시는 상품이 있습니까?

お客 : 会社の同僚にあげるお土産にいいものはないでしょうか。

▶ 회사 동료에게 줄 선물로 적당한 것이 있을까요?

店員：でしたらこちらのかたつむりパックはいかがでしょうか。

▶ 그러시면 이 달팽이 팩은 어떠신지요?

お客：あ、いま流行ってますよね。

▶ 네, 지금 유행하고 있죠.

店員：はい。かたつむりの粘液には、皮膚の再生を促す効果があると言われています。

▶ 네, 달팽이 점액에는 피부재생을 촉진시키는 효과가 있다고 합니다.

そのため、シワや老化を防止してお肌にハリと弾力を与えてくれますし、ニキビ跡の改善にも効果が見られます。

▶ 그래서 주름이랑 노화를 방지해서 피부에 탄력을 주고, 여드름자국의 개선에도 효과가 있습니다.

お客：敏感肌の人にも大丈夫ですか。

▶ 민감한 피부에도 괜찮습니까?

店員：自然の成分から作られているので、どんな肌質の方でもお使いいただけますし、敏感肌の方にもお勧めです。

▶ 자연성분으로 만들어졌기 때문에 어떤 피부에도 사용할 수 있고 피부가 민감한 분에게도 권합니다.

お客：そうなんですか。

▶ 그렇습니까?

店員：こちらの20個入りがお買得になっております。

▶ 여기 20개 들어있는 것이 이익입니다.

TIP!!

化粧品の種類 (화장품의 종류)

基礎化粧品	기초 화장품	肌の調子を整えたり、肌の健康を保つために用いる化粧品。 クレンジング、洗顔料、化粧水、乳液、美容液、クリーム、マスクパックなど。
化粧品 (メーキャップ化粧品)	색조 화장품	肌に立体感や色を与えて、美しく装うために用いる化粧品。 ファンデーション、チーク、ルージュ（口紅）、グロス、アイブロウ、アイライン、アイシャドー、マスカラなど。

肌のタイプ (피부 타입)

普通肌（ノーマル）	보통피부	水分が多く皮脂が少ない肌
乾燥肌（ドライ）	건성피부	水分も皮脂も少ない肌
脂性肌（オイリー）	지성피부	水分も皮脂も多い肌
混合肌（ドライ＆オイリー）	중성피부	水分が少なく皮脂が多い肌
敏感肌	민감피부	肌トラブルを起こしやすい肌

주요단어

- 紫外線 자외선
- 老化 노화
- 角質 각질
- 弾力 탄력
- 収縮 수축
- 乾燥肌 건성피부
- 年齢 연령
- 栄養 영양
- 単品 단품
- 皮膚 피부
- 除去 제거
- 緩和 완화
- 美白 미백
- 混合肌 중성피부
- 保湿 보습
- 乳液 로션
- 遮断 차단
- 防止 방지
- 再生 재생
- 毛穴 땀구멍
- 効果 효과
- 脂性肌 지성피부
- 改善 개선
- テカリ 번들거리다

2. 香水(こうすい) (향수)

기본예문

1. セール商品(しょうひん)でございます。
   ▶ 세일 상품입니다.

2. 一つだと、10%割引(わりびき)になります。
   ▶ 1개면 10% 세일합니다.

3. 恐(おそ)れ入(い)りますが、これ以上(いじょう)の割引(わりびき)はいたしかねます。
   ▶ 죄송합니다만, 더 이상 할인은 안 됩니다.

4. 特別(とくべつ)に、25%割引(わりびき)している商品(しょうひん)です。
   ▶ 특별히 25% 세일하고 있는 제품입니다.

5. 一緒(いっしょ)に購入(こうにゅう)されると、よりお得(とく)です。
   ▶ 같이 구입하시면 더 저렴합니다.

6. 品物(しなもの)は、お客様(きゃくさま)が代表(だいひょう)で受(う)け取(と)られて空港(くうこう)でお分(わ)けください。
   ▶ 물건은 손님께서 대표로 다 받으시고 공항에서 나누세요.

7. こちらの商品(しょうひん)は、販売用(はんばいよう)ではなくプレゼントでございます。
   ▶ 이 제품은 판매용이 아니라 선물용입니다.

8. こちらの商品(しょうひん)は、甘(あま)い香(かお)りがいたします。
   ▶ 이 제품은 달콤한 향입니다.

9. 他の香水より香りが長く持続します。

▶ 다른 향수보다 향이 오래 지속됩니다.

10. こちらの商品は、ほのかでとてもよい残り香がいたします。

▶ 이 제품은 잔향이 은은하고 좋습니다.

11. こちらの商品は、30ミリリットルでございます。

▶ 이 제품은 30㎖ 입니다.

12. テスターのサイズより小さいです。

▶ 테스터 사이즈보다 작습니다.

14. すべて違う香りが入っております。

▶ 모두 다 다른 향이 들어 있습니다.

15. 初めて香水をお使いになる方であれば、オードパルファンやオードトワレをお勧めいたします。

▶ 처음 향수를 사용하시는 분이면, 오드 퍼퓸이나 오드 뚜왈렛을 권합니다.

TIP!!

香水の濃度による分類(향수의 농도에 의한 분류)

パルファン (parfum(s)) またはエクストレ (extrait(s))	퍼퓸	濃度15－20%、持続時間およそ5−7時間
オードパルファン (eaux de parfum, EdP)	오 드 퍼퓸	濃度10−15%、持続時間およそ5時間
オードトワレ (eaux de toilette, EdT)	오 드 뚜왈렛	濃度5－10%、持続時間およそ3−4時間
オーデコロン (eaux de Cologne, EdC)	오 드 코롱	濃度2−5%、持続時間およそ1−2時間

주요단어

- 割引 할인
- 特別 특별
- 製品 제품
- 購入 구입
- 香水 향수
- 販売用 판매용
- 甘い香り 달콤한 향
- 残り香 잔향
- 持続 지속
- ほのか 희미함, 은은함
- 違う 다르다
- テスター[tester] 테스터
- オードトワレ[(프)eau de toilette]
- ミリリットル[millilitre] 미리리터

대 화

1. 店員 : いらっしゃいませ。お探しの商品はございますか。

▶ 안녕하십니까? 찾으시는 제품이 있으십니까?

お客 : プレゼントにいいものはないかと思って。

▶ 선물할 만한 것이 있을까요?

店員 : プレゼントなさる方は男性ですか。女性ですか。

▶ 선물하실 분이 남성이십니까? 여성이십니까?

お客 : 男性です。おすすめのものはありますか。

▶ 남자인데요. 좋은 물건 좀 추천해 주십시오.

店員 : それではこちらの商品はいかがでしょうか。

海洋成分と果物の香りが独特な調和を成しており、さわやかで活気に満ちた感じを与える香りがします。

▶ 그럼 이 제품은 어떠십니까?
해양성분과 과일향이 독특한 조화를 이루어 시원하며 활기찬 느낌을 주는 향입니다.

お客 : あ~本当にいいですね。これをください。包装してもらえますか。

▶ 아~정말 좋군요. 이것으로 주십시오. 포장은 가능합니까?

店員 : 申し訳ございません。お客様、当店は免税店ですので包装はいたしておりません。

▶ 죄송합니다. 손님, 여기는 면세점이라 포장은 할 수 없습니다.

2. 店員 : お客様、おつけになってみてはいかがでしょうか。

▶ 손님, 테스트 한번 해보시죠.

お客 ：つけてみてもいいですか。

▶ 테스트 해봐도 되나요?

店員 ：はい、勿論です。こちらのシャネルNO.5は約80種類の成分が調和された、とても独特で繊細な香りのフローラル系の香水です。いかがですか。

▶ 네, 물론입니다. 이 샤넬 NO.5는 약 80가지 성분이 조화된 매우 독특하고 섬세한 향의 플로럴계 향수입니다. 어떠십니까?

お客 ：これじゃなくて、他にもっとさっぱりした香りはないですか。

▶ 이것 말고 다른 산뜻한 향은 없습니까?

店員 ：お客様、それではこちらはいかがでしょうか。

▶ 손님, 그럼 이것은 어떠십니까?

こちらの香水は、透明さと新鮮さを強調したさっぱりした女性の香りです。

▶ 이 향수는 투명함과 신선함을 강조하는 산뜻한 여성향입니다.

お客 ：この香り本当にいいですね。これをください。

▶ 이 향 정말 좋군요. 이것을 주십시오.

3. お客 ：特に、注意しなければならない保管方法はありますか。

▶ 특별히 주의해야 할 보관방법이 있습니까?

店員 ：はい、お客様。直射日光と高温を避けて涼しい所に保管してください。

▶ 네, 손님. 직사광선과 고온을 피하고 서늘한 곳에 두시면 됩니다.

香水の瓶のふたは必ず閉めケースに入れて保管してください。

▶ 향수병 뚜껑은 꼭 닫아주고 제 케이스에 넣어 보관해 두시면 됩니다.

そして、温度があまり低い所に置かれますと、原液の結晶が分離し、温度があまり高いと香りの原液が酸化したり分解されてしまうので、温度が一定の所に保管してください。

▶ 그리고 온도가 너무 낮은 곳에 두시면 원액의 결정이 분리되고, 너무 높으면 향의 원액이 산화되거나 분해되므로, 온도가 일정한 곳에 보관해 두시면 됩니다.

お客 : はい、そうですか。ありがとうございます。

▶ 네, 그렇군요. 감사합니다.

4. お客 : 香水をつけるとき、気をつけたほうがいいことがありますか。

▶ 향수 사용 시 주의 할 점이 있나요?

店員 : 香水をおつけになる時シルクや白い服、毛皮や革製品に直接使用されますと、香水自体の色によるしみがつく場合がございます。また傷のある部位には直接お使いにならないでください。

▶ 향수를 뿌리실 때 실크나 흰옷, 모피, 가죽 제품에 직접 사용하시면 향수 자체의 색에 의해 얼룩이 지는 경우가 있습니다. 그리고 상처 난 부위에는 직접 사용하지 마십시오.

5. お客 : 香水はどこにつけるのがいいですか。

▶ 향수는 어디에 뿌리는 것이 좋습니까?

店員 : 香りは下から上に発散され、体温が高く脈拍が速いところほど香りがよく拡散されます。スプレーがついていない瓶タイプは、体に直接つけてください。スプレーの場合は体の広範囲に吹きつけるとよろしいかと思います。

▶ 향은 아래에서 위로 발산되며 체온이 높고 맥박이 뛰는 곳 일수록 향의 확산이 잘됩니다. 스프레이가 부착되어 있지 않은 병 타입은

신체에 직접 찍어 바르시고요. 스프레이일 경우 신체의 넓은 범위에 뿌리는 것이 좋습니다.

6. 店員 : いらっしゃいませ。一度お試しになってみてはいかがですか。

▶ 어서 오십시오. 테스트 한번 해 보시겠습니까?

お客 : 試してみてもいいですか。

▶ 테스트 해봐도 되나요?

店員 : 勿論です。こちらのムエット(試香紙)でお試しください。

▶ 물론이지요. 이 시향지로 해 보십시오.

お客 : 他の香水も試してみることができますか。

▶ 다른 제품들도 테스트 해 볼 수 있습니까?

店員 : はい、こちらのムエット(試香紙)でどうぞ。

▶ 네, 이 시향지로 해 보시죠.

7. 店員 : いらっしゃいませ。何かお探しですか。

▶ 어서 오십시오. 찾으시는 제품 있습니까?

お客 : いいえ、ただ私が使う香水をひとつ見ようと思って。

▶ 아니요, 그냥 내가 사용할 향수 하나 보려고요.

店員 : あ、そうですか。

▶ 아、그러세요?

それではどのようなタイプの香水がよろしいでしょうか。

▶ 그럼 어떤 취향의 향수를 원하십니까?

お客 : お勧めの香水がありますか。

▶ 추천해 주실 향수가 있습니까?

店員 ：はい。こちらの香りはいかがですか。

▶ 그러면 이 향은 어떠세요?

お客 ：この香水はどこの国のものですか。

▶ 이 향수는 어느 나라 제품입니까?

店員 ：フランスの香水でございます。

▶ 프랑스 제품입니다.

お客 ：とてもいいですね。これにします。

▶ 참 좋군요. 이것으로 하겠습니다.

店員 ：はい、ありがとうございます。お客様、ご参考に一つですと10%割引、二つですと15%割引させていただきます。お支払いはどうなさいますか。

▶ 네, 감사합니다. 손님, 참고로 1개는 10% 할인, 2개는 15% 할인하고 있습니다. 계산은 어떻게 하시겠습니까?

お客 ：カードで支払えますか。

▶ 카드로 지불이 가능합니까?

店員 ：勿論です。少々お待ちくださいませ。お客様、こちらにサインをお願いいたします。

▶ 물론입니다. 잠깐만 기다리십시오. 손님 여기에 싸인 부탁드립니다.

주요단어

- 男性(だんせい) 남성
- 果物(くだもの) 과일
- 成(な)す 이루다
- 与(あた)える 주다, 부여하다
- 成分(せいぶん) 성분
- 新鮮(しんせん)さ 신선함
- 注意(ちゅうい) 주의
- ふた 뚜껑, 덮개
- 直射日光(ちょくしゃにっこう) 직사광선
- 温度(おんど) 온도
- 分離(ぶんり) 분리
- 種類(しゅるい) 종류
- 革製品(かわせいひん) 가죽제품
- 傷(きず) 상처, 흉터
- 発散(はっさん) 발산
- 拡散(かくさん) 확산
- ムエット 시향지
- 女性(じょせい) 여성
- 独特(どくとく) 독특함
- 活気(かっき) 활기
- 包装(ほうそう) 포장
- 繊細(せんさい) 섬세
- 強調(きょうちょう) 강조
- 保管方法(ほかんほうほう) 보관방법
- 閉(し)める 닫다
- 高温(こうおん) 고온
- 原液(げんえき) 원액
- 酸化(さんか) 산화
- 一定(いってい) 일정
- 直接使用(ちょくせつしよう) 직접사용
- 部位(ぶい) 부위
- 体温(たいおん) 체온
- 広範囲(こうはんい) 광범위, 넓은 범위
- 参考(さんこう) 참고
- 海洋(かいよう) 해양, 바다
- 調和(ちょうわ) 조화
- 満(み)ちる 차다, 가득하다
- さわやか 산뜻함, 상쾌함
- 透明(とうめい)さ 투명함
- さっぱり 산뜻이, 시원히
- 瓶(びん) 병
- 必(かなら)ず 반드시, 꼭
- 避(さ)ける 피하다, 멀리하다
- 結晶(けっしょう) 결정
- 分解(ぶんかい) 분해
- 毛皮(けがわ) 모피
- しみ 얼룩
- 直接(ちょくせつ) 직접
- 脈拍(みゃくはく) 맥박
- 吹(ふ)きつける 내불다

3. タバコ (담배)

기본예문

1. こちらはイギリスのタバコですが、韓国でつくられた商品でございます。

▸ 이것은 영국 담배이지만, 한국에서 만든 제품입니다.

2. こちらは今回新しく出たタバコでございます。

▸ 이것은 이번에 새로 나온 담배입니다.

3. こちらは(日本人/西洋人)に一番好まれるタバコでございます。

▸ 이것이(일본인/서양인)이 가장 좋아하는 담배입니다.

4. 2カートンの規定がございますが、ご購入はお客様の選択ですので制限はございません。

▸ 2보루가 규정입니다만, 구입하시는 것은 고객님의 선택이라 제한이 없습니다.

5. こちらがより(強い/弱い)タバコです。

▸ 이것이 더 (독한/약한) 담배입니다.

6. タールは~mgでございます。

▸ 타르가~mg입니다.

7. メンソール(ペパーミントの香り)でございます。

▸ 맨솔(박하향)입니다.

8. 臭いを大幅に減らしたタバコでございます。

▶ 냄새를 많이 줄인 담배입니다.

9. 女性のお客様に好まれるタバコでございます。

▶ 여성고객이 좋아하는 담배입니다.

10. 一般的なスリムサイズのタバコでございます。

▶ 일반적인 슬림 사이즈의 담배입니다.

11. 横に押して開けるケースでございます。

▶ 옆으로 밀어서 여는 케이스입니다.

12. 韓国のタバコはすでに割引されております。

▶ 한국 담배는 이미 할인이 되어 있습니다.

13. 空港ではライターの販売はいたしておりません。

▶ 공항에서는 라이터를 판매하지 않습니다.

14. こちらは葉まきタバコでございます。

▶ 이것은 시가입니다.

15. コーヒーのかおりがする葉まきタバコでございます。

▶ 커피향이 나는 시가입니다.

16. (中華/韓国) タバコはお1人様5カートンまで販売しております。

▶ (중화/한국)담배는 1인당 5보루까지만 판매하고 있습니다.

17. そちらのタバコは品切することが多い商品です。誠に申し訳ございません。

▶그 담배는 품절될 때가 많은 상품입니다. 대단히 죄송합니다.

TIP!!

● 日本入国時の免税の範囲(일본 입국시의 면세범위) (2015年12月末現在)

紙巻タバコのみの場合	日本製：200本 外国製：200本	外国に居住している人は、 免税範囲が2倍。 (海外に居住している日本人、または日本に居住していない外国人)
葉巻タバコのみの場合	50本	
その他の場合	250 g	

(注) タバコの販売は空港の免税店のみ。

● 韓国入国時の免税の範囲 (한국 입국시의 면세범위) (2015年12月末現在)

궐련	200개비	단, 만19세 미만의 미성년자가 반입하는 주류 및 담배는 제외
엽궐련	50개비	
기타담배	250 g	

주요단어

- イギリス[Inglez] 영국
- カートン 보루
- 制限 제한
- 一般的 일반적
- すでに 이미, 벌써
- 誠に 정말로, 매우
- 西洋人 서양인
- 規定 규정
- 品切 품절
- 普通 보통
- 販売 판매
- タール 담배가 탈 때 생기는 점액성 발암물질
- 好む 좋아하다, 즐기다
- 選択 선택
- 臭い 냄새
- 大幅 대폭
- 葉まきタバコ 시가

대 화

1. お客 ：日本に持って帰るタバコは何箱まで買えますか。

▸ 일본에 가지고 갈 수 있는 담배는 몇 상자 까지 입니까?

店員 ：購入には制限がありませんのでいくつでもご購入いただけますが、日本に入国される際非課税の対象が外国製１カートン、日本製１カートンまでとなっております。

▸ 구입에는 제한이 없기 때문에 얼마라도 가능합니다만, 일본 입국시 비과세대상이 외국제품 한 보루, 일본제품 한 보루까지 입니다.

お客 ：それ以上買う場合はどうすればいいんですか。

▸ 그 이상 구입 한 경우는 어떻게 하면 됩니까?

店員 ：その場合は、日本に入国される際、申告して税金を払うことになります。

▸ 그 경우는 일본에 입국할 때 신고해서 세금을 (내야 합니다.)냅니다.

お客 ：妻と二人だからメビウス2カートン買っても免税されますよね。

▸ 처와 두 사람이니까 메비우스 두 보루 사도 면세되지요?

店員 ：はい。お一人1カートンなので大丈夫です。

▸ 네, 한분이 한보루이니까 괜찮습니다.

4. 酒類(洋酒・ワイン・伝統酒) 주류(양주・와인・전통주)

기본예문

洋酒(양주)

1. こちらは(モルトウイスキー/バーボンウイスキー/ジン/ウォッカ/ラム/コニャック/ブランデー/テキーラ/マオタイ酒)です。

▶ 이것은(몰트위스키/버번위스키/진/보드카/럼/꼬냑/브랜디/데낄라/마오타이주)입니다.

2. ほとんどがスコットランド産のスコッチウイスキーでございます。

▶ 대부분이 스코틀랜드산 스카치위스키입니다.

3. アルコール度数は(20/30/40)度でございます。

▶ 알코올 도수는(20/30/40)도입니다.

4. 容量は(500ml/700ml/1L)がございます。

▶ 용량은 (500ml/700/ml/1L)가 있습니다.

5. 短くは12年から17年、そして30年産がございます。

▶ 짧게는 12년에서 17년, 그리고 30년산이 있습니다.

6. 二瓶がセットになっております。

▶ 2병이 세트로 되어 있습니다.

7. こちらはミニチュアが５つ入っております。

▸ 이것은 미니어처 5개가 들어있습니다.

8. 現在試飲キャンペーンを行っておりますので、1度お召し上がりください。

▸ 지금 시음행사를 하고 있으니 한번 드셔 보세요.

9. 年度により価格が大幅に異なります。

▸ 연도에 따라서 가격대가 많이 달라집니다.

10. こちらの製品は限定品でございます。

▸ 이 제품은 한정품입니다.

11. こちらは免税店の単独販売製品でございます。

▸ 이것은 면세점 단독판매 제품입니다.

洋酒の特徴(양주의 특징)

1. 飲み心地がソフトでかおりが豊かです。

▸ 마실 때 부드럽게 넘어가며 향이 풍부합니다.

2. 少々甘みがあるのでまろやかな飲み心地です。

▸ 약간 단 맛이 나기 때문에 부드럽게 드실 수 있습니다.

3. 味がにがく強いです。

▸ 맛이 쓰고 강합니다.

4. 味がまろやかです。

▸ 맛이 부드럽습니다.

5. 長く熟成したものほど味と香りがまろやかです。

▸ 오래 숙성된 것일수록 맛과 향이 부드럽습니다.

6. ウイスキーの主原料は麦で、ほとんどがブレンデッドウイスキーでございます。

▸ 위스키의 주원료는 보리이며 대부분이 블랜더드위스키입니다.

7. 女性に好まれるコーヒーの味がするリキュールでございます。

▸ 여성들이 좋아하는 커피 맛이 나는 양주입니다.

8. (コーヒー/キャラメル/ミント/モカ)などの味がございます。

▸ (커피/캐러멜/민트/모카) 등의 맛이 있습니다.

9. オリジナルウォッカの他にも(シトラス / グレープフルーツ / ピーチ / バニラ / マンダリン)の味がございます。

▸ 오리지널 보드카 외에도(시트러스 / 자몽 / 복숭아 / 바닐라 / 만다린)맛이 있습니다.

洋酒の飲み方(양주 마시는 법)

1. 冷たくしてお飲みになられますと、より美味しくお召し上がりいただけます。

▸ 차게 드시면 더욱 맛있게 드실 수 있습니다.

2. 氷を入れて薄めてもお召し上がりいただけます。

▸ 얼음을 넣어 연하게 드셔도 좋습니다.

3. オレンジジュースで割ってもお召し上がりいただけます。

▶ 오렌지 쥬스에 섞어 드셔도 좋습니다.

4. オンザロックでも、ソーダウォーターで割ってもお召し上がりいただけます。

▶ 온더록으로 드셔도 좋고 소다워터에 섞어서 드셔도 됩니다.

주요단어

- 度数 도수
- 試飲 시음
- 年度 연도
- 異なる 다르다
- 心地 기분, 느낌
- 熟成 숙성
- 割る 엷게 하다
- まろやかだ 부드럽다
- 容量 용량
- 行う 실시다
- 価格 가격
- 限定品 한정품
- 豊かな 풍부한
- 氷 얼음
- 主原料 주원료
- オンザロック[on the rocks] 얼음에 위스키 등을 부은 음료
- ミニチュア[miniature] 미니어처
- 召し上がる 드시다
- 大幅 대폭
- 単独販売 단독판매
- 甘み 감미, 단맛
- 薄める 묽게 하다
- 麦 보리

ワイン(와인)

1. こちらは (フランス/イタリア/オーストラリア/アメリカ/カナダ/ポルトガル)のワインでございます。

▶ 이것은 (프랑스 /이탈리아 /호주 /미국 /캐나다 /포르투갈) 와인입니다.

2. 当店では多様な種類のワインを備えております。

▶ 저희 매장은 다양한 종류의 와인을 갖추고 있습니다.

3. こちらは1等級のワインでございます。

▶ 이것은 1등급 와인입니다.

4. ワインセラーによく保管された商品でございます。

▶ 와인셀러에 잘 보관 된 상품입니다.

5. こちらは(赤ワイン/白ワイン/スパークリングワイン) でございます。

▶ 이것은 (레드와인/화이트와인/스파클링 와인)입니다.

6. ワインを開けて少ししてからお召し上がりになりますと、よりまろやかな味をお楽しみいただけます。

▶ 와인을 따서 시간이 조금 지난 뒤에 드시면 더 부드러운 맛을 즐기실 수 있습니다.

7. 長い余韻がうつくしい最高級のワインでございます。

▶ 긴 여운이 훌륭한 최고급 와인입니다.

8. どんな料理にも全般的によく合います。

▶ 어떤 음식에도 전반적으로 잘 어울립니다.

9. アイスワインはカナダ産がもっとも有名です。

▸ 아이스 와인은 캐나다산이 가장 유명합니다.

ワインの特徴(와인의 특징)

1. 置けば置くほど味がよくなるワインでございます。

▸ 오래두면 둘수록 더 좋은 맛을 내는 와인입니다.

2. タンニンが強く渋みのあるワインでございます。

▸ 탄닌이 강해 떫은맛이 나는 와인입니다.

3. 甘みが強く、お酒が飲めない方にもお進めできます。

▸ 단 맛이 강해 술을 못 드시는 분에게도 추천해 드립니다.

4. ポートワインはポルトガルワインで、長くおいてお飲みになられても差し支えなく、アルコール度数も高い方です。

▸ 포트와인은 포르투갈와인으로 오래 두고 드셔도 무방하며 알코올 도수도 높은 편입니다.

5. フランスワインは、大きくボルドー地域とブルゴーニュ地域のワインに分けられております。

▸ 프랑스 와인은 크게 보르도 지역과 브루고뉴 지역의 와인으로 나눠집니다.

6. フランス産が一番有名でございますが、(アメリカ/オーストラリア/チリ/スペイン)などのワインも人気がございます。

▸ 프랑스산이 가장 유명하지만 (미국 /호주/ 칠레 /스페인)등의 와인도 인기가 있습니다.

7. 洗練された味とバランスのとれたタンニンの渋みが感じられます。

▶ 세련된 맛과 균형 잡힌 탄닌의 떫은맛이 느껴집니다.

8. さわやかで清涼感がございます。

▶ 상큼하고 청량감이 있습니다.

9. お花の香りとフルーツアロマの調合のとれた味です。

▶ 꽃향과 과일 아로마가 복합적으로 잘 어우러진 맛입니다.

10. こちらは(フルボディ/ミディアムボディ)でございます。

▶ 이것은 (풀바디 / 미디움바디)입니다.

와인은 맛의 묵직함의 강도에 따라 풀바디/ 미디움 바디/라이트 바디로 나뉜다.

주요단어

- 多様 다양, 여러 가지
- 種類 종류
- 備える 갖추다, 구비하다
- 等級 등급
- 余韻 여운
- 保管 보관
- 最高級 최고급
- 全般的 전반적
- フランス[France] 프랑스
- オーストラリア[Australia] 호주
- イタリア[Italia] 이탈리아
- カナダ[Canada] 캐나다
- ポルトガル[Portugal] 포루투칼
- ワインセラー[wine cellar, 와인 셀러] 와인저장실
- 今後 차후, 이후
- 置く 두다
- 地域 지역
- 渋み 떫은맛
- 差し支える 지장을 주다
- バランス[balance] 균형
- 調和 조화
- さわやか 산뜻함, 상쾌함
- 清涼感 청량감

TIP!!

ウイスキーの種類(위스키의 종류)

– 産地による分類 (산지에 의한 분류) –

スコッチウイスキー	스카치위스키	英国スコットランド産
アイリッシュウイスキー	아이리스위스키	アイルランド産
アメリカンウイスキー	아메리칸위스키	アメリカ産
バーボンウイスキー	버번위스키	米国ケンタッキー州を中心に
ジャパニーズウイスキー	재패니즈위스키	日本産

– 材料による分類 (재료에 의한 분류) –

※産地によって定義が多少異なる。

モルトウイスキー	몰트위스키	大麦麦芽（モルト）のみを原料とするもの
グレーンウイスキー	그래인위스키	トウモロコシ、ライ麦、小麦などを主原料にするもの
ブレンデッドウイスキー	브랜디드 위스키	ウイスキーをブレンドしたもの
ライウイスキー	라이위스키	ライ麦を主原料とするもの
コーンウイスキー	콘위스키	トウモロコシを原料とするもの

その他の洋酒の種類 (기타 양주의 종류)

ジン	진	大麦、ライ麦、ジャガイモなどを原料とする蒸留酒
ウォッカ	보드카	大麦、小麦、ライ麦、ジャガイモなど穀物を原料とし、蒸留後、白樺の炭で濾過して作る
ラム	럼	サトウキビを原料とする蒸留酒
コニャック	꼬냑	フランスのコニャック周辺で産出されるブランデー
ブランデー	브랜디	果実酒からつくった蒸留酒
テキーラ	데낄라	メキシコ国内のハリスコ州とその周辺で、竜舌蘭 (Agave) から造られる蒸留酒
マオタイ酒	마오티이주	中国貴州省特産の高粱を主な原料とする蒸留酒

ワイン(와인)

– ワインの種類[(와인의 종류) –

赤ワイン	레드와인	透き通った赤や濃い紫、あるいは赤褐色。 黒ブドウを果皮・種ともに用いて造られるワイン。
白ワイン	화이트와인	主に無色に近い色調から黄色みを帯びたワイン。 白ブドウ、もしくは黒ブドウの果汁のみを用いて造られる。
ロゼワイン	로제와인	ロゼ(ros) とはフランス語で「ピンク色」を意味し、赤みを帯びた淡い色調のワイン。
スパークリングワイン	스파클링 와인	発泡ワイン。密閉した容器 (瓶やタンク) 内で二次発酵させ、発酵により生じた炭酸ガスを封じこめることで造られる。

– 味わいによる分類(맛에 의한 분류) –

赤ワイン	레드와인	ボディ（味わいのコク、深み、複雑さ、重み、厚み等を総合したもの）による分類。 ライトボディ（軽口）、ミディアムボディ（中口）、フルボディ（重口）
白ワイン	화이트와인	甘・辛による分類。 辛口、やや辛口、中口、やや甘口、甘口、極甘口。
ロゼワイン	로제와인	

日本入国時の免税の範囲（일본 입국시의 면세범위）

3本	1本760ｍｌのもの。

韓国入国時の免税の範囲（한국 입국시의 면세범위）

1병	1L, $400 이하

伝統酒(전통주)

1. こちらは韓国の(焼酎/マッコリ/山参酒/紅参酒/百歳酒)でございます。
   - ▸ 이것은 한국의 (소주/막걸리/산삼주/홍삼주/백세주)입니다.

2. 同じお酒ですが多様な種類の瓶に入れたものです。
   - ▸ 같은 술이지만 다양한 종류의 병에 담은 것입니다.

3. 無形文化財に指定されているお酒でございます。
   - ▸ 무형문화재로 지정 된 술입니다.

4. 韓国の伝統的な陶磁器の瓶で、とても高級感がございます。
   - ▸ 한국의 전통적인 도자기병으로 매우 고급스럽습니다.

5. お召し上がりの前にかならずおふりください。
   - ▸ 드시기 전에 반드시 흔들어 주십시오.

6. イガン酒は生姜の辛さと梨のさわやかさがよく調和したお酒でございます。
   - ▸ 이강주는 생강의 매콤한 맛과 배의 청량미가 잘 조화된 술입니다.

7. トックリイチゴ酒はトックリイチゴで作った果実酒でございます。
   - ▸ 복분자주는 복분자로 만든 과실주입니다.

8. モル酒は山ぶどうの甘くさわやかな味と香りが特徴でございます。
   - ▸ 머루주[1]는 산머루의 달콤하고 상큼한 맛과 향이 특징입니다.

9. ソゴク酒はとろっとして甘味があり、野菊の奥ゆかしい独特な香りを秘めております。

▸ 소곡주[2]는 찰기(끈기)가 돌면서 단 맛이 있고, 들국화의 그윽하고 독특한 향을 간직하고 있습니다.

10. ムンベ酒は粟ときびで作られており、山梨の花と果実の香りがするのが特徴でございます。

▸ 문배술[3]은 조와 수수를 가지고 만들며 문배의 꽃과 과실향이 나는 것이 특징입니다.

TIP!!

1) 머루주(モル酒) : 머루술(머루로 담근 술)
2) 소곡주(ソゴク酒) : 막걸리의 하나. 누룩을 적게 하여 찹쌀로 담근 술로서 맑은 수정 빛깔이 난다. 충청남도 서천군 한산(韓山)에서 나는 것이 유명하다.
3) 문배주(ムンベ酒) : 좁쌀 누룩을 수수밥과 섞어 빚은 뒤 발효시켜 증류한 소주. 알코올 농도는 40% 정도이며 술의 빛깔은 누런 갈색을 띠는데 문배나무와 비슷한 향기가 난다.

주요단어

- 焼酎 소주
- 瓶 병
- 伝統的 전통적
- ふる 움직이다, 흔들다
- 辛さ 매콤함
- 果実酒 과실주
- 野菊 들국화
- 秘める 숨기다, 간직하다
- 山梨 문배
- 多様 다양, 여러가지
- 無形文化財 무형문화재
- 陶磁器 도자기
- 生姜 생강
- さわやかさ 상쾌함
- 山ぶどう 머루, 산포도
- 奥ゆかしい 그윽하다
- 粟 조
- 果実 과실, 열매
- 種類 종류
- 指定 지정
- 高級感 고급감
- 梨 배
- 調和 조화
- 特徴 특징
- 独特 독특함
- きび 수수

대 화

1. お客(きゃく)：これは何(なん)ですか。

▸ 이건 뭐죠?

店員(てんいん)：マッコリという韓国(かんこく)のお酒(さけ)です。

▸ 막걸리라는 한국 술입니다.

お客(きゃく)：どんなお酒(さけ)ですか。

▸ 어떤 술입니까?

店員(てんいん)：主(おも)に米(こめ)が原料(げんりょう)で、日本(にほん)のどぶろくに似(に)たお酒(さけ)です。

▸ 쌀이 주원료이고, 일본의 탁주와 비슷한 술입니다.

米(こめ)の甘(あま)みと乳酸菌(にゅうさんきん)の酸味(さんみ)が調和(ちょうわ)したまろやかな味(あじ)が特徴(とくちょう)です。

▸ 쌀의 단맛과 유산균의 산미가 잘 조화된 부드러운 맛이 특징입니다.

お客(きゃく)：アルコール度数(どすう)はどれくらいですか。

▸ 알코올 도수는 어느 정도 됩니까?

店員(てんいん)：大体(だいたい)6～8%程度(ていど)なので、ビールより少(すこ)し高(たか)いくらいです。

▸ 대체로 6～8도 정도로 맥주보다 조금 높은 정도입니다.

お客(きゃく)：そうですか。

▸ 그래요?

店員(てんいん)：たんぱく質(しつ)やビタミンも豊富(ほうふ)なため、美容(びよう)と健康(けんこう)に良(い)いお酒(さけ)として、最近(さいきん)、若(わか)い女性(じょせい)の方(かた)にも人気(にんき)のある商品(しょうひん)です。

▸ 단백질과 비타민이 풍부해서 미용과 건강에 좋은 술로 최근 젊은 여성들에게 인기가 있는 제품입니다.

5. 食品 (식품)

기본예문

1. 高麗人参の商品の種類は大きくエキス、茶、粉末、カプセル、飴などがございます。

▶ 고려인삼의 종류는 크게 엑기스, 차, 분말, 캡슐, 사탕 등이 있습니다.

2. 高麗人参茶はエキスの成分が10%入っており、手軽に飲めて価格もお手頃です。

▶ 인삼차는 엑기스 성분이 10% 들어있으며 먹기도 간편하고 가격도 저렴합니다.

3. エキスは、100%原液で特に糖尿病や肝臓が悪い方にお勧めです。

▶ 엑기스는 100% 원액이며 특히 당뇨나 간이 나쁘신 분에게 권합니다.

4. エキスの独特なにおいと味のために、カプセルで服用される方も多いです。

▶ 엑기스의 독특한 냄새와 맛 때문에 캡슐로 복용하는 분도 많습니다.

5. 粉末は乾かした高麗人参を粉にしてお茶のように飲む製品です。

▶ 분말은 건삼을 가루로 만들어서 차처럼 먹는 제품입니다.

6. こちらの商品は、韓国固有の伝統食品で清浄海域で採取した海苔で作りました。

▶ 이 상품은 한국 고유의 전통음식으로 청정해역에서 채취한 김으로 만들었습니다.

7. ビタミンとミネラルが大量に含まれており、成人病の予防やお肌の美容にもいいです。

▶비타민과 무기질이 다량 함유되어 있어 성인병 예방과 피부미용에도 좋습니다.

8. 価格は15ドルのものと5ドルのものがあり、キムチ味、プルコギ味、竹塩味などがございます。

▶가격은 15달러짜리와 5달러짜리가 있고, 김치맛, 불고기맛, 죽염맛 등이 있습니다.

9. 海苔に色々な味付けがされており、ご飯と一緒に召し上がっても、お酒の肴としてもお勧めです。

▶김에 여러 가지 맛을 냈기 때문에 밥과 함께 드셔도 좋고, 술안주로도 권해드립니다.

10. チョコレートはミルクチョコの他に栗、唐辛子、高麗人参、緑茶、みかん味など色々な種類がございます。

▶초콜릿은 밀크초코 외 밤, 고추, 인삼, 녹차, 밀감맛 등 다양한 종류가 있습니다.

11. 甘すぎず、韓国独特の風味を感じることができ、美しく包装されているので、お土産にも最適です。

▶그다지 달지 않으며 한국의 독특한 풍미를 느낄 수 있으며 예쁘게 포장되어 있어서 선물용으로 적당합니다.

12. キムチは韓国を代表する伝統食品です。乳酸菌がたっぷり含まれており、美容とダイエットにも効果がございます。

▶김치는 한국을 대표하는 전통식품입니다. 유산균이 듬뿍 들어있어서 미용과 다이어트에도 효과가 있습니다.

13. こちらの商品は特殊な真空包装がされており、長時間の保管が可能で臭いの心配がありません。

▶ 이 제품은 특수 진공포장 되어 있어 오랫동안 보관이 가능하며 냄새가 나지 않습니다.

14. 高麗人参酒は6年根で、少しずつ飲むと体にとてもいいです。

▶ 인삼주는 6년근이며 조금씩 마시면 몸에 아주 좋습니다.

15. お土産は、空港のお受け取りではなく、そのままお持ち帰りいただけます。

▶ 토산품은 공항에서 수령하는 것이 아니고 그대로 바로 가져가실 수 있습니다.

16. 10個以上お買い上げいただきますと、サービスで一つおつけして、ホテルへの配達もいたしております。

▶ 10개 이상 구입을 하시면 1개는 서비스로 드리며 호텔까지 배달도 해 드립니다.

17. 蜂蜜や砂糖に漬けた柚子をお湯で割って飲む甘いお茶で、柚子の甘酸っぱい香りが心を落ち着かせてくれます。

▶ 꿀이랑 설탕에 절인 유자를 따뜻한 물에 타서 마시는 차로 유자의 달고 신맛이 마음을 진정시켜줍니다.

18. 柚子はビタミンCが豊富で、風邪の予防や美肌にも効果があります。

▶ 유자는 비타민C가 풍부해서 감기 예방 뿐 아니라 피부미용에도 효과가 있습니다.

19. 鶏が一羽まるごと入ったサムゲタンのレトルトパックです。

▶ 닭 한마리가 통째로 들어있는 레토루트 식품 인 삼계탕입니다.

20. 高麗人参(こうらいにんじん)とナツメ、栗(くり)、にんにく、もち米(ごめ)などが入(はい)っており、韓国(かんこく)では代表的(だいひょうてき)なスタミナ食(しょく)です。

▶ 고려인삼과 대추, 밤, 마늘, 찹쌀 등이 들어 있고, 한국의 대표적인 스테미나 식품입니다.

TIP!!

人気の韓国土産(인기 있는 한국선물)

キムチ	김치	白菜キムチ、チョンガクキムチ、キュウリのキムチなど
韓国海苔	김	おいしくて軽い海苔は人気ナンバーワンのお土産
お菓子	과자	ブラウニー、ひまわりチョコ、餅のクッキーなど
高麗人参	고려인삼	高麗人参茶、人参酒、人参キャンディなど
伝統茶	전통차	柚子茶、オミジャ茶、テチュ茶など
伝統酒	전통주	マッコリ、焼酎、百歳酒など
ラーメン	라면	辛いラーメンの他、辛くないラーメンも人気
サムゲタン	삼계탕	お土産用のレトルト食品

주요단어

- 高麗人参 인삼
- 原液 원액
- 成分 성분
- 手頃 적합함
- 肝臓 간
- 粉 가루
- 清浄 청정
- 大量 대량
- お肌の美容 피부미용
- 唐辛子 고추
- 風味 풍미
- 代表 대표
- 特殊 특수
- 高麗人参酒 인산주
- 柚子 유자
- もち米 찹쌀
- 粉末 분말
- 手軽 간편함, 손쉬움
- 原液 원액
- 服用 복용
- 固有 고유
- 海域 해역
- 成人病 성인병
- 肴 안주
- 緑茶 녹차
- 包装 포장
- 乳酸菌 유산균
- 真空 진공
- 配達 배달
- 長時間 장시간
- ナツメ 대추
- 飴 사탕
- 価格 가격
- 糖尿病 당뇨병
- 乾かす 말리다
- 伝統食品 전통식품
- 採取 채집
- ミネラル 무기질
- 予防 예방
- 竹塩 죽염
- 及び 및, 과
- 栗 밤
- お土産 선물
- 効果 효과
- 海苔 김
- 甘酸ぱい 새콤달콤

대 화

1. 店員：何か、お探しの物がございますか。

▶ 뭐 특별히 찾는 것이라도 있으십니까?

お客 ：特に探している物はありませんが、どんな種類がありますか。

▶ 특별히 찾는 것은 없지만 어떤 종류가 있습니까?

店員 ：種類はとても多様ですが、高麗人参の商品の種類は大きくエキス、茶、粉末、カプセル、飴などがございます。

▶ 종류는 매우 다양하지만 인삼제품에는 크게 엑기스, 차, 분발, 캡슐, 사탕 등이 있습니다.

お客 ：お土産にはどんな物がいいですか。

▶ 선물용에는 어떤 것이 좋겠습니까?

店員 ：簡単なお土産には高麗人参茶がお勧めです。

▶ 간단한 선물로는 인삼차가 좋습니다.

高麗人参茶はエキスの成分が10%入っており、手軽に飲めて価格もお手頃です。

▶ 인삼차는 엑기스가 10% 들어있으며 먹기도 간편하고 가격도 저렴합니다.

お客 ：値段に関係なく効能のいい物がほしいです。

▶ 가격은 상관없고 효능이 좋은 것으로 원합니다.

店員 ：効能の良さではエキスがお勧めです。エキスは100%原液で、特に糖尿病や肝臓が悪い方に適しています。

▶ 효능은 엑기스가 좋습니다. 엑기스는 100% 원액이며, 특히 당뇨나 간이 나쁘신 분에게 좋습니다.

一日に2～3回程度のお湯に溶かしてお飲み下さい。蜂蜜を入れて飲まれますとより効果的です。

▶ 하루에 2～3회 정도 따뜻한 물에 타서 드세요. 꿀에 타서 드시면 더욱 효과적입니다.

お客 ：においを気にせず手軽に飲める物もありますか。

▶ 냄새나지 않고 간편하게 먹을 수 있는 것도 있습니까?

店員 ：一番手軽に飲めて効能がいいのはカプセルです。

▶ 가장 간편하게 먹고 효능이 좋은 것은 캡슐입니다.

エキスの独特なにおいと味のためにカプセルで服用される方も多いです。

▶ 엑기스의 독특한 냄새와 맛 때문에 캡슐로 복용하는 사람도 많습니다.

特に、ワールドカップの開催以降、若い人達もたくさん飲むようになりました。韓国サッカーチームの強い体力が高麗人参の効能だと知られるようになったからです。

▶ 특히 월드컵 개최 이후 젊은 사람들도 많이 마십니다. 한국 축구팀의 강한 체력이 인삼의 효능이라고 알려졌기 때문입니다.

2. 店員 ：こちらの商品は、韓国固有の伝統食品で清浄海域で採取した海苔で作りました。

▶ 이 상품은 한국 고유의 전통음식으로 청정해역에서 재취한 김으로 만들었습니다.

ビタミンとミネラルが大量に含まれており、成人病の予防とお肌の美容にもいいです。

▶ 비타민과 무기질이 다량 함유되어 있어 성인병 예방과 피부 미용에도 좋습니다.

お客 ：おいくらですか。種類によって値段が違いますか。

▶ 얼마입니까? 종류에 따라 가격이 다릅니까?

店員 ：はい、15ドルのものと5ドルのものがあり、キムチ味、プルコギ味、竹塩味などがございます。

▶ 네, 15달러짜리와 5달러짜리가 있고, 김치맛, 불고기맛, 죽염맛 등이 있습니다.

15ドルのものは普通のサイズの海苔が30枚入っております。こちらは食べやすいように一口サイズに切ってあります。

▶ 15달러짜리는 보통 사이즈의 김 30장이 들어있습니다.
이것은 먹기 쉽게 한입 사이즈로 자른 것입니다.

どうぞ。召し上がってみてください。

▶ 드셔보세요.

お客 ：おいしいですね。お土産にしても大丈夫ですよね。

▶ 맛있네요. 선물용으로도 괜찮겠지요?

店員 ：はい、こちらは価格がお手頃できれいに包装されているので、お土産としても人気があり、みなさん大量に購入されます。

▶ 네, 이것은 가격이 저렴하고 예쁘게 포장되어 있어서 선물용으로 인기가 있으며, 모두 대량 구매합니다.

10個以上お買い上げいただくとサービスで一つおつけし、ホテルへの配達もいたしております。

▶ 10개 이상 구입을 하시면 1개는 서비스로 드리며 호텔까지 배달도 해 드립니다.

3. お客 ：これは韓国のチョコレートですね。

▶ 이것은 한국 초콜릿인가 봐요.

店員 ：はい、お客様。きれいに包装されているのでお土産にも最適です。また、甘すぎず、韓国独特の風味を感じることができます。

▶ 예, 손님. 예쁘게 포장되어있어 선물용으로도 좋습니다. 또 달지 않으며, 독특한 한국적 풍미도 느낄 수 있습니다.

お客 ：種類がたくさんありますね。

▶ 종류가 상당히 많군요.

店員 ：ミルクチョコの他に栗、唐辛子、高麗人参、緑茶、みかん味など、多様な種類がございます。

▶ 밀크초코 외 밤, 고추, 인삼, 녹차, 밀감 맛 등 다양한 종류의 초콜릿이 있습니다.

最近は、マッコリ味とみかん味がよく売れております。

▶ 요즘은 막걸리맛과 밀감맛이 잘 팔립니다.

4. お客 ：これはキムチですよね。

▶ 이것은 김치이군요.

店員 ：はい、そうです。韓国を代表する伝統食品です。乳酸菌がたっぷり含まれており、美容とダイエットにも効果がございます。

▶ 네, 그렇습니다. 한국을 대표하는 전통식품입니다. 유산균이 듬뿍 들어있어서, 미용과 다이어트에도 효과가 있습니다.

お客 ：キムチは臭いが心配なんですが…

▶ 김치는 냄새가 걱정됩니다만…

店員 ：特殊な真空包装がされているので、長時間の保管が可能で臭いの心配がありません。

▶ 특수 진공포장이 되어 있어 오랫동안 보관이 가능하며 냄새 걱정이 없습니다.

お客(きゃく) : あの人参酒(にんじんしゅ)は何年根(なんねんこん)ですか。

▶ 저 인삼주는 몇 년 근입니까?

店員(てんいん) : あちらの人参酒(にんじんしゅ)は、6年根(ねんこん)で少(すこ)しずつ飲(の)むと体(からだ)にとてもいいです。

▶ 저 인삼주는 6년 근이며 조금씩 마시면 몸에 아주 좋습니다.

お客(きゃく) : 免税品(めんぜいひん)のように空港(くうこう)で受(う)け取(と)らなければなりませんか。

▶ 면세품처럼 공항에서 받아야 합니까?

店員(てんいん) : いいえ、免税品(めんぜいひん)とは違(ちが)い、そのままお持(も)ち帰(かえ)りいただけます。

▶ 아닙니다. 면세품과 달리 그대로 바로 가져가실 수 있습니다.

5. お客(きゃく) : これはジャムですか。

▶ 이것은 잼입니까?

店員(てんいん) : あ、こちらはジャムではなく柚子茶(ゆずちゃ)といって、柚子(ゆず)で作(つく)った韓国(かんこく)の伝統茶(でんとうちゃ)です。

▶ 아, 이것은 잼이 아니고 유자차로 유자로 만든 한국전통차입니다.

お客(きゃく) : お茶(ちゃ)ですか。どうやって飲(の)むんですか。

▶ 차입니까? 어떻게 마십니까?

店員(てんいん) : ティスプーンに3, 4杯(はい)を熱(あつ)いお湯(ゆ)にとかして飲(の)んでください。

▶ 티스푼으로 3, 4번 따뜻한 물에 타서 마십니다.

柚子(ゆず)はビタミンCが豊富(ほうふ)で、風邪(かぜ)の予防(よぼう)や美肌(びはだ)にも効果(こうか)があります。

▶ 유자는 비타민C가 풍부해서 감기예방과 피부미용에도 효과가 있습니다.

お客(きゃく) : 味(あじ)はどうですか。

▶ 맛은 어떻습니까?

店員 ：柚子を砂糖漬けしたものなので香りがよくて甘酸っぱく、日本の方のお口に合うと思いますよ。

▶ 유자를 설탕에 절여서 향기가 좋고 달고 신맛이 일본 분 입에 잘 맞는다고 생각합니다.

6. お客 ：これはサムゲタンですか。

▶ 이것은 삼계탕입니까?

店員 ：はい、そうです。鶏が一羽まるごと入ったサムゲタンのレトルトパックです。

▶ 네, 그렇습니다. 닭 한 마리가 통째로 들어있는 레토루트식품인 삼계탕입니다.

お客 ：鶏の他に何が入っているんですか。

▶ 닭 외에 무엇이 들어있습니까?

店員 ：高麗人参とナツメ、栗、にんにく、もち米などが入っており、韓国では代表的なスタミナ食です。

▶ 인삼과 대추, 밤, 마늘, 찹쌀 등이 들어있고 한국의 대표적인 스테미나 식품입니다.

お客 ：種類はこれだけですか。

▶ 종류는 이것 뿐입니까?

店員 ：一羽まるごと入ったものと、半分だけ入ったものがございます。

▶ 한마리 통째 들어있는 것과 반마리가 들어있는 것이 있습니다.

お客 ：どうやって食べればいいんですか。

▶ 어떻게 먹으면 좋습니까?

店員：レトルトパックのままお湯で温めてもお召し上がりいただけますが、袋から出してお鍋で直接煮ていただきますと、より一層おいしく召し上がっていただけます。

▶ 레토루트 채 뜨거운 물에 담궈 따뜻하게 데워서 먹기도 하지만 봉투에서 꺼내 냄비에 직접 끓이면 한층 더 맛있게 드실 수 있습니다.

주요단어

- 特別 특별
- 手軽な 간편한
- 効能 효능
- 蜂蜜 벌꿀
- 開催 개최
- 一層 한층, 더욱
- お土産 선물, 토산품

6. 貴金属(ききんぞく)(귀금속)

기본예문

1. ピアスホールはございますか。ピアスホールがございませんか。
   (イヤリングですか。ピアスですか。)
   ▶ 귀를 뚫으셨습니까? 안 뚫으셨습니까?
   (이어링입니까? 피어스입니까?)

2. イヤリングとピアスの2種類(しゅるい)がございます。
   ▶ 이어링과 피어스 두 종류가 있습니다.

3. ワンタッチピアス(ワンタッチイヤリング)はとても使(つか)いやすいです。
   ▶ 원터치 귀걸이는 사용하시기에 매우 편리합니다.

4. こちらの製品(せいひん)(ピアス/イヤリング/ネックレス/指輪(ゆびわ))は小(ちい)さくてシンプルなデザインですので、普段使(ふだんづか)いにお勧(すす)めでございます。
   ▶ 이 제품(피어스/귀걸이/목걸이/반지)은 작고 심플한 디자인이라서 평상시 사용하시기에 좋습니다.

5. こちらのネックレスに似合(にあ)うピアス(イヤリング/指輪(ゆびわ))もございます。
   ▶ 이 목걸이에 어울리는 (귀걸이/반지)도 있습니다.

6. こちらはシャネルのシンボルマークです。
   ▶ 이것은 샤넬의 심볼마크입니다.

7. 背(せ)が高(たか)くて体格(たいかく)のいい方(かた)なら、こちらのスタイルがよくお似合(にあ)いになると思(おも)います。
   ▶ 키가 크고 체격이 좋은 분이라면 이 스타일이 잘 어울릴 것 같습니다.

8. こちらは最高の原石で、セッティングの優れた商品でございます。

▶ 이것은 최고의 원석으로 세팅이 뛰어난 상품입니다.

9. こちらにございます商品はほとんどがプラチナと18Kでできております。

▶ 여기 있는 제품은 대부분 플라티늄과 18K 골드로 되어 있습니다.

10. こちらの商品はキュービックジルコニア(クリスタル)でできております。

▶ 이 제품은 큐빅 지르코니아(크리스탈)로 되어 있습니다.

11. こちらがより品があり、デザインも素敵です。

▶ 이 제품이 보다 품위 있고, 디자인도 멋있습니다.

12. ペンダントは0.7カラットのダイアモンドでできております。

▶ 펜던트는 0.7 캐럿 다이아몬드로 되어 있습니다.

13. こちらの商品はシルバーにホワイトゴールドをコーティングしたもので、メッキの色が変わりません。

▶ 이 상품은 실버에 화이트 골드를 입힌 제품으로 색깔이 변색되지 않습니다.

14. 指輪のサイズは何号ですか。

▶ 반지사이즈는 몇 호이신가요?

15. こちらは価格が20ドルから50ドル程度で、デザインもきれいで人気があります。

▶ 이제품의 가격은 20달러에서 50달러 정도이며 디자인도 예뻐서 인기가 있습니다.

16. こちらの商品は世界的によく知られている有名なブランドで、世界中どこでもアフター サービスが受けられます。

▸ 이 상품은 세계적으로 잘 알려진 유명 브랜드로 세계 어느 곳에서도 A/S를 받으실 수 있습니다.

17. 一度はめてみてください。

▸ 한 번 끼워 보십시오.

18. アメジストは平和を象徴する宝石です。

▸ 자수정은 평화를 상징하는 보석입니다.

19. 水晶のパワーは、健康によいと言われております。

▸ 수정의 파워는 건강에 좋다고 합니다.

20. こちらの真珠は（淡水/海水）真珠でございます。

▸ 이 진주는 (담수/해수)진주입니다.

21. こちらのチェーンは陳列用で、金ではございません。金のチェーンは別途に販売いたしております。

▸ 이 줄은 진열용으로 금이 아닙니다. 금줄은 별도로 판매합니다.

22. 誕生石を送られるのはいかがでしょうか。

▸ 탄생석을 선물 하시는 것은 어떻습니까?

23. 贈り物用にペン類もよろしいかと思います。

▸ 선물용으로 펜 종류도 괜찮다고 생각합니다.

TIP!!

アクセサリーの種類(しゅるい)(악세서리 종류)

指輪(ゆびわ)・リング	반지	ネックレス	목걸이
イヤリング	귀걸이	ペンダント	펜던트
ピアス	피어스	ブレスレット	팔찌
ブローチ	브로치	アンクレット	발찌

주요단어

- イヤリング[earring] 귀걸이
- ネックレス[necklace] 목걸이
- 似合(にあ)う 어울리다
- 原石(げんせき) 원석
- 象徴(しょうちょう) 상징
- 淡水(たんすい) 담수
- 陳列用(ちんれつよう) 진열용
- キュービックジルコニア 큐빅지르코니아
- ピアス 피어싱
- 指輪(ゆびわ) 반지
- シンボル[symbol] 상징
- プラチナ[(네)platina] 백금
- 宝石(ほうせき) 보석
- 海水(かいすい) 해수
- 誕生石(たんじょうせき) 탄생석
- 普段(ふだん) 평소
- 体格(たいかく) 체격
- 優(すぐ)れる 뛰어나다
- 平和(へいわ) 평화
- 真珠(しんじゅ) 진주
- 水晶(すいしょう) 수정

대 화

1. 店員 ：いらっしゃいませ。何をお探しですか。

▸ 어서 오십시오. 무엇을 찾으세요?

お客 ：妻に贈るプレゼントを探しているんですが、何にしようか迷っています。

▸ 아내에게 줄 선물을 찾고 있습니다만, 무엇을 할까 고민 중입니다.

店員 ：それならこちらはいかがですか。こちらの製品は18Kで作られたネックレスで、小さくてシンプルなデザインですので普段使いにお勧めでございます。

▸ 그러면 이것이 어떻겠습니까? 이 제품은 18K 골드로 만들어진 목걸이로, 작고 심플한 디자인이라서 평상시 사용하시기에 좋습니다.

お客 ：これもいいですが他の物も見せてください。

▸ 이것도 좋지만 다른 것도 보여 주세요.

店員 ：こちらの指輪はいかがですか。今年の新製品でデザインが独特で洗練されており、とても人気があります。

▸ 이 반지는 어떻습니까? 올해 신상품으로 디자인이 독특하고 세련되어 매우 인기가 있습니다.

2. 店員 ：お客様、ここにある商品はほとんどプラチナと18Kでできています。

▸ 손님, 여기 있는 제품은 대부분 플라티늄과 18K 골드로 되어 있습니다.

価格は30ドルから80ドル程度で、デザインもきれいなので贈り物として人気があります。

▸ 가격대가 30달러에서 80달러 정도이며 디자인도 예뻐서 선물로 인기가 있습니다.

お客(きゃく)：ここにあるイヤリングが気(き)に入(い)りました。

▶ 여기에 있는 귀걸이가 마음에 드는군요.

店員(てんいん)：イヤリングとピアスの２種類(しゅるい)がございますが、耳(みみ)に穴(あな)はあいていますか。

▶ 이어링과 피어스 두 종류가 있습니다만 귀는 뚫으셨습니까?

お客様(きゃくさま)のように背(せ)が高(たか)く、スマートな方(かた)ならこちらのスタイルがよくお似合(にあ)いかと思(おも)います。

▶ 손님처럼 키가 크고 날씬하신 분은 이런 스타일이 잘 어울립니다.

3. お客(きゃく)：きれいですね。一度(いちど)つけてみてもいいですか。

▶ 예쁘네요. 한 번 차 보아도 되겠습니까?

店員(てんいん)：はい、勿論(もちろん)です。鏡(かがみ)はこちらです。わぁ、とてもよくお似合(にあ)いです。

▶ 예, 물론입니다. 거울은 여기 있습니다. 와! 굉장히 잘 어울리십니다.

ペンダントは0.5カラットのダイアモンドでできております。

▶ 펜던트는 0.5 캐럿 다이아몬드로 되어 있습니다.

チェーンはシルバーにホワイトゴールドをコーティングした製品(せいひん)でメッキの色(いろ)が変(か)わりません。

▶ 줄은 실버에 화이트 골드를 입힌 제품으로 색깔이 변색되지 않습니다.

お客(きゃく)：あれと比較(ひかく)するとどっちがいいですか。

▶ 저것과 비교했을 때 어느 것이 좋을까요?

店員(てんいん)：こちらがより品(ひん)がありデザインも素敵(すてき)です。

▶ 이쪽이 더 품위 있고 디자인도 멋집니다.

お客(きゃく)：品質保証書(ひんしつほしょうしょ)がありますか。

▶ 품질보증서가 있나요?

店員：はい、勿論です。この商品は世界的によく知られた有名ブランドのもので、世界中どこでもアフターサービスが受けられます。これは、プラダのシンボルマークです。

▶ 예, 물론입니다. 이 상품은 세계적으로 잘 알려진 유명 브랜드로 세계 어느 곳에서도 A/S를 받으실 수 있습니다. 이것은 프라다의 심볼마크입니다.

お客：いいですね。じゃあ、これにします。

▶ 좋습니다. 이것으로 하겠습니다.

4. お客：きれいですね。これは何という宝石ですか。

▶ 예쁘네요. 이것은 무슨 보석이죠?

店員：アメジストと言いますが、アメジストは平和を象徴する宝石です。特に水晶の力が健康によいと言われております。

▶ 자수정이라 하는데 자수정은 평화를 상징하는 보석입니다. 특히 수정의 힘이 건강에 좋다고 합니다.

お客：この指輪を一度はめてみてもいいですか。

▶ 여기 이 반지를 한 번 껴 보아도 괜찮습니까?

店員：はい、勿論です。リングは18Kでできております。

▶ 예, 물론입니다. 링은 18K 골드로 되어 있습니다.

宝石の品質はA級です。

▶ 보석 품질은 A급 입니다.

お客：贈り物用にもうひとつ買いたいのですが、どれがいいでしょうか。

▶ 선물용으로 하나 더 사고 싶은데 어느 것이 좋을까요?

店員：ご家族の方にプレゼントなさいますか。でしたら、こちらのブレスレットはいかがですか。

▶ 가족에게 선물하실 겁니까? 그러면 이 팔찌가 어떻겠습니까?

お客 ：娘にプレゼントしようと思うんですが…

▶ 딸에게 선물하려고 하는데…

店員 ：でしたらこちらがピッタリだと思います。

▶ 그러시다면 이게 잘 어울릴 것 같습니다.

주요단어

- 妻 아내
- 新製品 신제품
- 洗練 세련
- 程度 정도
- 穴 구멍
- 鏡 거울
- 比較 비교
- 保証書 보증서
- 品質 품질
- ブレスレット[bracelet] 팔찌

7. 時計 (시계)

기본예문

1. こちらの時計の保証期間は2年です。

▸ 이 시계의 보증기간은 2년입니다.

2. アフターサービスセンターは説明書に記載されております。

▸ A/S센터는 설명서에 적혀있습니다.

3. こちらの時計は100メートルの防水機能とストップウォッチ機能がございます。

▸ 이 시계는 100미터 방수기능과 스톱워치 기능이 있습니다.

4. 時計のガラスはサファイアクリスタルとミネラルガラスがございます。

▸ 시계유리는 사파이어 크리스탈과 미네랄유리가 있습니다.

5. こちらの時計は女性用で、あちらの時計は男性用です。

▸ 이 시계는 여자시계이고, 저 시계는 남자시계입니다.

6. こちらの時計は男女兼用です。

▸ 이 시계는 남녀공용입니다.

7. 四角い時計は洗練された感じがし、丸い時計は飽きがこなくて無難です。

▸ 사각시계는 세련된 느낌이 들고, 둥근 시계는 싫증이 나지 않고 무난합니다.

8. サイズは小さくすることができます。

▶ 사이즈는 줄일 수 있습니다.

9. 最近流行りのデザインです。

▶ 요즘 유행하는 디자인입니다.

10. こちらの時計はクォーツ時計で、こちらは自動巻き時計でございます。

▶ 이쪽은 배터리시계이고, 이쪽은 자동시계입니다.

11. こちらはオメガの時計でございます。

▶ 이것은 오메가시계입니다.

12. お客様の手首のサイズにあわせてバンドの調節が可能です。

▶ 손님 손목사이즈에 맞게 줄 조절이 가능합니다.

13. バンドはステンレスと18Kで作り、文字盤にダイアモンドを入れました。

▶ 줄은 스텐레스와 18K금으로 만들었으며 문자판에 다이아몬드를 넣었습니다.

14. この時計はスイス製です。

▶ 이 시계는 스위스에서 만들었습니다.

15. 自動巻き時計ですので、ゴルフなどの運動をされる際には着用されないことをおすすめいたします。

▶ 오토메틱 시계이므로 골프 같은 운동을 할 때에는 착용하지 않는 것이 좋습니다.

16. こちらの(時計/バンド)の素材は(18K/スチール/チタン/セラミック/牛革/ワニ革/ゴム)でできております。

▶ 이(시계/밴드)의 소재는 (18K 골드/스틸/티타늄/세라믹/소가죽/악어가죽/고무)입니다.

17. 後で革のバンドをご購入されて交換することもできます。

▶ 나중에 가죽밴드를 구매하셔서 바꾸실 수 있습니다.

18. こちらの製品はメッキですので、長期間ご使用されますと変色することがございます。

▶ 이 제품은 도금으로 장기간 사용하시면 색깔이 변할 수 있습니다.

19. こちらの時計は手動で操作すると機械が故障することがございます。

▶ 이 시계는 수동으로 조작을 하면 기계가 고장 날 수 있습니다.

20. 竜頭を1段階引き上げて日付を合わせ、2段階引き上げて時間を合わせます。

▶ 태엽을 1단계 빼서 날짜를 맞추고, 2단계 빼서 시간을 맞춥니다.

21. 機械式の時計は1日の誤差が15秒ほどございます。

▶ 기계식 시계는 일일 오차가 15초 정도입니다.

22. こちらの時計は生活防水ですので、水にふれないようご使用されることをおすすめいた します。

▶ 이 시계는 생활 방수이므로, 물에 닿지 않게 사용하시는 것이 좋습니다.

23. こちらの時計は防水時計ですので、水泳される際にもご使用できます。

▶ 이 시계는 방수용이므로 수영하실 때도 가능합니다.

24. こちらの時計は衝撃に弱いです。

▸ 이 시계는 충격에 약합니다.

25. 変色と変形を防ぐため、湿気と水はおさけください。

▸ 변색과 변형을 방지하기 위해 습기와 물을 피해주십시오.

26. こちらの時計のガラスはサファイアクリスタルですが、ご使用の際に傷が生じることもございます。これは通常的な現象ですので、保証外になります。

▸ 이 시계 유리는 사파이어 크리스탈이지만 사용상 긁힘이 일어날 수 있습니다. 이는 통상적인 현상이므로 보증이 적용되지 않습니다.

TIP!!

* 腕時計の仕組み(손목시계의 구조)

機械式	手巻き時計	수동 시계	竜頭と呼ばれる腕時計の横についているつまみを使って人がゼンマイを巻き上げる仕組み。
	自動巻き時計	자동 시계	ローターが腕の振りの勢いなどで回り、ゼンマイを巻き上げてくれる仕組み。
クォーツ式	クォーツ式時計	배터리 시계	水晶振動子を用いた時計。 非常に狂いにくい。

주요단어

- 保証 보증
- 記載 기재
- 女性用 여성용
- 四角い 네모나다
- 無難 무난
- 文字盤 문자판
- 牛革 소가죽
- 交換 교환
- 竜頭 태엽
- 誤差 오차
- 衝撃 충격
- 防ぐ 막다, 방지하다
- 生じる 생기다
- 適用 적용
- メッキ 도금
- 防水 방수
- 男性用 남성용
- 洗練 세련
- 流行る 유행하다
- 手首 손목, 팔목
- 着用 착용
- ワニ革 악어가죽
- 変色 변색
- 機械 기계
- 引き上げる 끌어올리다
- 生活防水 생활방수
- 湿気 습기
- 通常的 통상적
- 現象 현상
- 説明書 설명서
- 機能 기능
- 男女兼用 남녀공용
- 飽く 싫증나다, 질리다
- 自動巻き時計 자동시계
- 調節 조절
- 素材 소재
- 購入 구입
- 手動操作 수동조작
- 故障 고장
- 調整 조정
- 水泳 수영
- 変形 변형
- 傷 상처

대 화

1. 店員 : いらっしゃいませ。何かお探しですか。

▶ 어서 오십시오. 무엇을 찾으세요?

お客 : 両親にプレゼントしようと思うんですが。

▶ 부모님께 선물하려고 하는데요?

店員 : こちらにあるエルメスの時計はいかがですか。流行を問わない無難なデザインです。

▶ 이쪽에 있는 에르메스 시계는 어떻습니까? 유행을 크게 타지 않는 무난한 디자인입니다.

お客 : 素材は何ですか。

▶ 소재는 무엇으로 만들었습니까?

店員 : バンドはステンレスと18Kで作り、文字盤にはダイアモンドを入れました。

▶ 줄은 스텐레스와 18K금으로 만들었으며, 문자판에 다이아몬드를 넣었습니다.

そしてこちらはクォーツ時計で、こちらは自動巻き時計でございます。

▶ 그리고 이쪽은 배터리시계이고 이쪽은 자동시계입니다.

お客 : 防水は何メートルまで可能で、どれが男性用の時計ですか。

▶ 방수가 몇 미터까지 되고, 어느 것이 남성용 시계입니까?

店員 : こちらの時計は生活防水50メートルです。こちらの時計は女性用であちらの時計は男性用です。

▶ 이 시계는 생활방수 50미터입니다. 이 시계는 여자시계이고 저 시계는 남자시계입니다.

また、こちらの時計は男女兼用です。

▸ 또 이 시계는 남녀공용입니다.

2. 店員 : お客様が使用されますか。それとも贈り物用ですか。

▸ 손님 본인이 사용하실 겁니까? 아니면 선물용입니까?

お客 : 私のをひとつ買おうと思うんですが、お勧めはありますか。

▸ 제 것으로 하나 사려고 합니다만, 추천해줄 만한 것이 있습니까?

店員 : はい、お客様。ご予算はどのくらいをお考えですか。

▸ 예, 손님. 가격은 얼마 정도 생각하고 계십니까?

お客 : 約1,500ドルぐらいを考えていますが。

▸ 대략 1,500달러 정도 생각하고 있습니다만.

店員 : でしたら、こちらはいかがでしょうか。価格も適当で実用的なこのデザインが、最近のベストモデルでございます。

▸ 그러시다면 이것은 어떠신가요? 가격도 적당하고 실용적인 이 모델이 최근 베스트 모델입니다.

お客 : 時計のガラスはどうですか。

▸ 시계유리는 어떻습니까?

店員 : 時計のガラスはサファイアクリスタルとミネラルガラスがございます。こちらの 四角い時計は洗練された感じがし、丸い時計は飽きがこなくて無難です。

▸ 시계유리는 사파이어 크리스탈과 미네랄 유리가 있습니다. 이 사각 시계는 세련된 느낌이 들고, 둥근 시계는 싫증이 나지 않고 무난합니다.

お客 ：はめてみてもいいですか。

▶ 차 볼 수 있을까요?

店員 ：勿論です、どうぞ。よくお似合いですね。

▶ 물론입니다. 여기 있습니다. 잘 어울리십니다.

3. お客 ：時計のサイズが少し大きいようですが、小さくしてもらえますよね。

▶ 시계 사이즈가 좀 큰 것 같은데 줄여주실 수 있죠?

店員 ：大丈夫です。お客様。

▶ 걱정 마세요. 손님.

お客様の手首のサイズにあわせてバンドの調節が可能ですし、短くしたリンクもケースにお入れいたします。

▶ 손님 손목 사이즈에 맞게 줄 조절이 가능하고, 줄인 고리도 케이스 안에 넣어 드립니다.

お客 ：金メッキが剥げたらどうしたらいいですか。

▶ 금도금이 벗겨지면 어떻게 하나요?

店員 ：お客様のご負担ではありますが、アフターサービスは可能です。

▶ 고객 부담이긴 하지만 A/S는 가능합니다.

お客 ：この二つの時計は、同じに見えるのにどうして価格が違いますか。

▶ 이 두 시계는 똑같아 보이는데 왜 가격이 다릅니까?

店員 ：お客様、一般的にクォーツ時計がよりお買得です。自動巻き時計は電池が要りません。

▶ 손님, 일반적으로 배터리시계가 더 저렴합니다. 자동시계는 배터리가 필요 없습니다.

お客 ：時計が止まったり故障したらどうすればいいですか。

▶ 시계가 멈추거나 고장 나면 어떻게 합니까?

店員 ：国際保証書に表記された保証期間が2年なので電池は無償で交換できます。お客様の不注意による故障は有償になります。

▶ 국제보증서에 표기된 보증기간이 2년이기 때문에 건전지는 무상입니다. 손님의 부주의로 인한 고장은 유상입니다.

4. お客 ：最近は、どんなモデルが人気がありますか。

▶ 최근에는 어떤 모델이 인기가 있습니까?

店員 ：こちらが、最近流行っているデザインです。価格も適当で実用的なデザインです。

▶ 이것이 요즘 유행하는 디자인입니다. 가격도 적당하면서 실용적인 디자인 입니다.

お客 ：でも、文字盤がとても小さいですね。

▶ 그런데 문자판이 너무 작네요.

店員 ：同じデザインで価格も同じでもっと大きいサイズがあります。

▶ 똑같은 디자인으로 가격도 동일하며 더 큰 사이즈가 있습니다.

お客 ：うーん、デザインと価格は気に入りましたが日付がないですね。

▶ 네, 디자인과 가격은 마음에 드는데 날짜(DATE)가 없군요.

店員：残念ですが、このブランドの女性用の時計にはほとんど日付がございません。

▶ 유감스럽습니다만, 이 브랜드의 여성용시계는 거의 날짜 (DATE)가 없습니다.

주요단어

- 両親(りょうしん) 양친, 부모
- 自動巻き時計(じどうまきどけい) 자동시계
- 適当(てきとう) 적당
- 金(きん)メッキ 금도금
- 買得(かいどく) 사면 득이 됨
- 期間(きかん) 기간
- 不注意(ふちゅうい) 부주의
- 気(き)に入(い)る 마음에 들다
- 流行(りゅうこう) 유행
- 本人(ほんにん) 본인
- 実用的(じつようてき) 실용적
- 剥(は)げる 벗겨지다, 바래다
- 国際(こくさい) 국제
- 電池(でんち) 배터리, 전지
- 有償(ゆうしょう) 유상
- 日付(ひづけ) 날짜
- クォーツ時計(どけい) 배터리시계
- 価格(かかく) 가격
- 勿論(もちろん) 물론
- 負担(ふたん) 부담
- 表記(ひょうき) 표기
- 無償(むしょう) 무상
- 残念(ざんねん) 유감, 아쉬움
- ほとんど 대부분, 거의

8. 靴・ベルト・アクセサリー (구두・벨트・악세서리)

기본예문 

靴(구두)

1. 靴のサイズは何センチですか。
   ▸ 신발사이즈는 어떻게 되십니까?

2. サイズはいかがでしょうか。大きいですか。小さいですか。
   ▸ 사이즈는 어떠십니까? 큽니까, 작습니까?

3. 両方とも履いてみられますか。
   ▸ 양쪽 다 신어보시겠습니까?

4. 牛革製品ですので、お履きになりますと少々伸びることがございます。
   ▸ 소가죽제품이라 신다 보면 약간 늘어납니다.

5. 革製品は消耗性の商品なので、アフターサービスの対象外となります。
   ▸ 가죽제품은 소모성 제품이라 A/S가 안됩니다.

6. こちらを履いてみてください。
   ▸ 이것으로 신어보십시오.

7. こちらの商品は地味ですが、軽くてひもの調節が可能なため人気があります。
   ▸ 이 제품은 수수하지만, 가볍고 끈 조절이 가능해서 인기가 있습니다.

8. 動いてみてください。どこかきゅうくつなところはございませんか。

▶ 움직여 보십시오. 크게 불편하지는 않으십니까?

9. 牛革で作られており流行に左右されずどんな服装にもよく似合うので、人気商品のひとつです。

▶ 소가죽으로 만들어졌으며 유행에 좌우되지 않고 어떤 복장에도 잘 어울리기 때문에 인기 상품 중 하나입니다.

10. 靴のサイズはおいくつですか。履き心地はいかがですか。楽ですか。

▶ 구두사이즈는 어떻게 되십니까? 신어 본 느낌은 어떻습니까? 편하십니까?

11. 有名ブランドであるフェラガモの製品で、多くの方から愛されております。

▶ 유명 브랜드인 페라가모 제품으로 많은 사람에게 사랑 받고 있습니다.

12. もう少し大きいサイズで、足の幅の広い靴です。

▶ 좀 더 큰 사이즈로 발볼이 넓은 구두입니다.

TIP!!

靴(くつ)のサイズ　対照表(たいしょうひょう) (신발사이즈 대조표)

韓国	250	255	260	265	270	275	280
日本	25	25.5	26	26.5	27	27.5	28
アメリカ	7	7 1/2	8	8 1/2	9	9 1/2	10
ヨーロッパ	40	40～41	41	41～42	42	42～43	43
イギリス	6.5	7	7.5	8	8.5	9	9.5

주요단어

- 靴(くつ) 구두
- 伸(の)びる 자라다, 늘다
- 地味(じみ)だ 수수하다
- 牛革(ぎゅうがわ) 소가죽
- 愛(あい)される 사랑받다
- 両方(りょうほう) 양쪽
- 革製品(かわせいひん) 가죽제품
- 調節(ちょうせつ) 조절
- 流行(りゅうこう) 유행
- 足(あし)の幅(はば) 발볼
- 履(は)く 신다
- 消耗性(しょうもうせい) 소모성
- きゅうくつだ 갑갑하다
- 心地(ここち) 기분, 느낌

ベルト(벨트)

1. ベルトのバックル(革)だけのご購入はできません。
   - ▶ 벨트 버클(가죽)만은 구매할 수 없습니다.

2. ベルトの長さの調節は私どもではいたしておりません。
   - ▶ 벨트 길이 조절은 저희가 해 드릴 수 없습니다.

3. 長さは100センチから120センチまでで、長さの調節が可能なようにバックル(留め金)と革が分離できるようになっております。
   - ▶ 길이는 100cm에서 120cm까지이고 길이 조절이 가능하게, 버클과 가죽을 분리하게 되어 있습니다.

4. バックルの色は主にシルバー系が多く、ゴールド系はお年を召した方に好まれます。
   - ▶ 버클의 색상은 주로 은색계열이 많고, 금색계열은 나이 드신 분들이 선호합니다.

5. 価格は革の状態と加工によって、50ドルから250ドルまで様々です。
   - ▶ 가격대는 가죽상태와 가공에 따라 50달러에서 250달러까지 다양합니다.

6. バックルは穴に入れるカジュアルなスタイルと、穴にかけるように使用する正装用スタイルがございます。
   - ▶ 버클은 구멍에 넣는 캐주얼한 스타일과 구멍에 걸리게 해서 사용하는 정장용 스타일이 있습니다.

주요단어

- 革 가죽
- 調節 조절
- バックル 이음쇠
- 分離 분리
- 加工 가공
- 様々 여러가지
- 正装用 정장용
- シルバー系 은색계열
- ゴールド系 금색계열
- 穴 구멍

アクセサリー(악세서리)

1. 変色しにくいですが、アクセサリーですので水にふれないようにご注意ください。
   ▸ 쉽게 변색되지 않으나 악세서리 제품이라 물에 닿지 않게 조심해 주십시오.

2. こちらの商品はメッキ処理されておりますので、汗や摩擦により変色することもございます。
   ▸ 이 제품은 도금 처리가 되어있기 때문에 땀과 마찰에 의해 변색될 수도 있습니다.

3. 金屬アレルギーがございますか。
   ▸ 금속 알레르기가 있으십니까?

4. こちらの商品はシルバー(ゴールドメッキ/プラチナメッキ)です。
   ▸ 이 제품은 실버(골드도금/백금도금)소재입니다.

5. こちらの宝石は(ダイヤ/オパール/ルビー/オニキス/サファイア/エメラルド/トパーズ)でご ざいます。
   ▸ 이 보석은 (다이아/오팔/루비/오닉스/사파이어/에메랄드/토파즈)입니다.

6. 動物模様のクリスタルで作られています。
   ▸ 동물모양 크리스탈로 만들어졌습니다.

7. こちらのネクタイピンはアルマーニの商品で、シンボルマークを利用した様々なデザインで 若い世代に人気があります。
   ▸ 이 넥타이핀은 아르마니 제품으로 심볼마크를 이용한 다양한 디자인으로 젊은 층에 인기가 있습니다.

주요단어

- 製品(せいひん) 제품
- 変色(へんしょく) 변색
- 注意(ちゅうい) 주의
- メッキ 도금
- 処理(しょり) 처리
- 汗(あせ) 땀
- 摩擦(まさつ) 마찰
- 動物(どうぶつ) 동물
- 宝石(ほうせき) 보석
- 世代(せだい) 세대
- 模様(もよう) 모양
- 利用(りよう) 이용
- 様々(さまざま) 여러 가지
- アレルギー[(독)Allergie] 알레르기

대 화

1. 店員 : 新商品は5%、その他は20%セール中です。多様な有名ブランド商品がございます。お客様、ごゆっくりご覧くださいませ。お客様のスタイルにはこの製品がよくお似合いだと思います。

▶ 신상품 5%, 그 외는 20% 세일 중입니다.
다양한 유명브랜드 상품들이 있습니다. 손님. 천천히 구경하십시오.
손님 스타일에는 이 제품이 잘 어울리실 것 같습니다.

お客 : この靴を履いてみてもいいですか。歩きやすい靴がいいんですが。

▶ 이 구두를 신어 봐도 되겠습니까? 걷기 편한 구두가 좋습니다.

店員 : 勿論です。靴のサイズはおいくつですか。

▶ 물론입니다. 구두 사이즈는 어떻게 되십니까?

お客 : 6か、6.5インチです。

▶ 6이나 6.5(인치)입니다.

店員 : 6インチですが、履き心地はいかがですか。楽ですか。

▶ 6(인치)인데 착용감은 어떻습니까? 편하십니까?

お客 : 少し小さいみたいです。爪先がきついです。

▶ 좀 작은 것 같습니다. 발끝이 꽉 낍니다.

店員 : お履きになられますと革が柔らかくなり少々伸びることがございます。

▶ 신다보면 가죽이 부드러워져 약간 늘어납니다.

こちらは少し大きいサイズで、足の幅が広い靴です。
もう一度履いて動いてみてください。

▶ 이것은 좀 더 큰 사이즈로 볼이 넓은 구두입니다.
다시 한번 신어보시고 움직여 보십시오.

お客 ：はい、楽だしデザインがシンプルなので気に入りました。でも、ヒールが高いみたいです。

▶ 예, 편하고 디자인이 심플해서 마음에 듭니다. 그러나 굽이 높은 것 같습니다.

店員 ：では、こちらの商品はいかがですか。有名ブランドであるセリーヌの製品で、多くの人から愛されています。

▶ 이 제품은 어떻습니까? 유명 브랜드인 셀린느 제품으로 많은 사람에게 사랑받고 있습니다.

牛革で作られており、地味ですが流行に左右されないデザインで、どんな服装にもよく似合うので人気の商品です。軽くて、ひもの調節が可能な商品でございます。

▶ 소가죽으로 만들어졌으며 수수하지만 유행에 좌우되지 않는 디자인으로 어떤 복장에도 잘 어울리는 인기상품입니다. 가볍고 끈 조절이 가능한 상품입니다.

2. お客 ：彼氏にプレゼントするベルトをひとつ選んでいるんですが…

▶ 남자친구에게 선물할 벨트를 하나 고르고 있는 중인데…

店員 ：そうですか。バックル(留め金)を穴に入れるカジュアルなスタイルと、穴にかけるようにして使用する正装用のスタイルがあります。普段スーツを着られますか。

▶ 그렇습니까? 버클을 구멍에 넣는 캐주얼한 스타일과 구멍에 걸리게 하여 사용하는 정장용 스타일이 있습니다. 평상시 주로 정장을 하시나요?

お客 ：はい、会社員なので…

▶ 네, 회사원이니까요.

店員(てんいん)：長(なが)さは80センチから130センチまでで、長(なが)さの調節(ちょうせつ)ができるようにバックル(留(と)め金(がね))と革(かわ)が分離(ぶんり)できるようになっています。

▶ 길이는 80cm에서 130cm까지이고 길이 조절이 가능하게, 버클과 가죽을 분리하게끔 되어 있습니다.

バックル(留(と)め金(がね))の色(いろ)は主(おも)にシルバー系(けい)が多(おお)く、ゴールド系(けい)はお年(とし)を召(め)した方(かた)に好(この)まれます。

▶ 버클의 색상은 주로 은색계열이 많고, 금색계열은 나이 드신 분들이 선호합니다.

お客(きゃく)：値段(ねだん)はどれくらいですか。

▶ 가격대는 어떻게 되죠?

店員(てんいん)：価格(かかく)は革(かわ)の状態(じょうたい)と加工(かこう)によって55ドルから250ドルまで様々(さまざま)です。

▶ 가격대는 가죽상태와 가공에 따라 50달러에서 250달러까지 다양합니다.

お客(きゃく)：うーん … これが気(き)に入(い)りましたがおいくらですか。

▶ 음... 이것이 마음에 드는데 얼마입니까?

店員(てんいん)：フランスのブランドであるシャネルの今年(ことし)の新商品(しんしょうひん)で、価格(かかく)は70ドルですが、今(いま)セール中(ちゅう)なので50ドルで購入出来(こうにゅうでき)ます。スーツによく似合(にあ)い、最近(さいきん)よく売(う)れている商品(しょうひん)です。

▶ 프랑스 브랜드인 샤넬의 올 신상품으로서 가격은 70달러인데, 지금 세일 중이라 50달러에 구입이 가능하십니다. 정장에 잘 어울려서 최근에 판매가 잘되고 있는 상품입니다.

3. お客(きゃく)：これをちょっと見(み)せてください。

▶ 이것 좀 보여주세요.

店員：こちらの指輪ですか。どうぞ。

▶ 이 반지 말씀이십니까? 여기 있습니다.

お客：素材は何ですか。

▶ 소재는 무엇입니까?

店員：メッキとクリスタルの製品です。

▶ 도금과 크리스탈 제품입니다.

お客様がお使いになりますか。

▶ 손님 본인이 끼실 겁니까?

お客：はい、変色しませんか。

▶ 예, 색이 안 변하나요?

店員：簡単には変色しませんが、アクセサリーなので水につけないようにご注意ください。色が変わったらアフターサービスは可能です。金属アレルギーは大丈夫ですか。

▶ 쉽게 변색되지 않으나, 악세서리 제품이라 물에 닿지 않게 조심해 주십시오. 색이 변하면 A/S는 가능합니다. 금속 알레르기는 없으시죠?

お客：はい、大丈夫です。あと、彼氏にプレゼントできるような物はありませんか。

▶ 예, 괜찮습니다. 그리고 남자친구에게 선물할 만한 것이 없습니까?

店員：でしたら、こちらのネクタイピンはいかがですか。

▶ 그러면 이 넥타이핀은 어떻습니까?

こちらはダンヒルの商品で、シンボルマークを利用した多様なデザインで若い世代に人気がございます。

▶ 이것은 던힐 제품으로 심볼마크를 이용한 다양한 디자인으로 젊은 층에 인기가 있습니다.

주요단어

- 新商品(しんしょうひん) 신상품
- 柔(やわ)らか 유연함, 폭신함
- 今年(ことし) 올해, 금년
- 簡単(かんたん) 간단
- 多様(たよう) 다양
- 動(うご)かす 움직이다, 옮기다
- 指輪(ゆびわ) 반지
- 金属(きんぞく) 금속
- 爪先(つまさき) 발끝, 발가락 끝
- 普通(ふつう) 보통, 대개
- 素材(そざい) 소재

9. カバン・財布(さいふ) (가방 · 지갑)

기본예문

1. 何(なん)の革(かわ)ですか。
   - ▶ 무슨 가죽입니까?

2. こちらの商品(しょうひん)は牛革(ぎゅうかわ)とシープスキンでできています。
   - ▶ 이 제품은 소가죽과 양가죽으로 되어 있습니다.

3. こちらのバッグは黒(くろ)、赤(あか)、茶色(ちゃいろ)の三色(さんしょく)があります。
   - ▶ 이 백은 검정, 빨강, 갈색 세 가지 칼라가 있습니다.

4. こちらのカバンはスモール、ミディアム、ラージの3種類(しゅるい)のサイズがございます。
   - ▶ 이 가방은 Small, Medium, Large 세 가지 사이즈가 있습니다.

5. カバンの種類(しゅるい)は色々(いろいろ)ございます。ショルダーバッグ、トートバッグ、クラッチバッグなどがございます。
   - ▶ 가방 종류로는 여러 가지가 있습니다. 숄더백, 토트백, 클러치백 등이 있습니다.

6. こちらの商品(しょうひん)はシープスキンなので軽(かる)いですが、傷(きず)が生(しょう)じることがございます。
   - ▶ 이 상품은 양가죽이라 가볍지만 스크레치가 쉽게 생길 수 있습니다.

7. こちらの商品はコーティング処理とエンボシン処理がされているのであまり傷がつきません。

▸ 이 상품은 코팅처리와 엠보싱처리가 되어있기 때문에 흠집이 잘 나지 않습니다.

8. こちらの商品は革製品ですが重くなく、軽くて便利なのが特徴です。

▸ 이 제품은 가죽제품이지만 무겁지 않고 가벼워서, 사용하시기 편리하다는 것이 특징입니다.

9. 100%ピッグスキン(豚革)でできており、ひもの調節が可能になっています。

▸ 100% 돼지가죽으로 되어 있으며 끈은 조절이 가능하게 되어 있습니다.

10. こちらの商品は季節に関係なく、流行にあまり左右されません。

▸ 이 상품은 계절에 상관이 없으며 유행을 잘 타지 않습니다.

11. ルイヴィトンは世界的にも有名なフランスのブランドです。

▸ 루이비통은 세계적인 명품으로 프랑스의 유명 브랜드입니다.

12. 革は牛革で他の商品より品質が優れており、感触がとてもいいです。

▸ 가죽은 소가죽이며 다른 상품보다 품질이 뛰어나며, 감촉이 매우 좋습니다.

13. こちらの商品は素材がジャガードでできており、とてもシンプルで軽いので、年齢に関係なく人気があります。

▸ 이 상품은 소재가 자가드로 되어 있어 아주 심플하고 가벼워서, 연령에 관계없이 인기가 있습니다.

14. 財布の種類には長財布、二つ折り財布、小銭入れなどがあり、材質は革と布でございます。

▶ 지갑 종류로는 장지갑, 반지갑, 동전지갑 등이 있으며 재질은 가죽과 천입니다.

15. こちらの商品は中性洗剤で汚れた部分をお拭き下さい。

また、こちらの商品は革クリームを塗って柔らかい布でしみの部分を拭いてください。

▶ 이 상품은 중성세제로 더러워진 부분을 닦아주시면 됩니다.
또 이 상품은 가죽크림을 발라서 부드러운 천으로 얼룩 부분을 닦아주시면 됩니다.

16. 今年流行のスタイルで、最高に人気のある商品です。

▶ 올해 유행하는 스타일이며 최고 인기 있는 상품입니다.

17. こちらは牛革にコーティングした製品で、羊の革は牛よりもっと柔らかいです。

▶ 이것은 소가죽에 코팅한 제품이고, 양가죽은 소가죽보다 더 부드럽습니다.

18. こちらは合成皮革なのでお値段もお手頃で軽いです。

▶ 이것은 인조가죽이므로 가격이 저렴하고 가볍습니다.

19. こちらの財布は、サイズが大きいのでパスポートやお札なども十分に入れることができます。

▶ 이 지갑은 크기가 커서 여권, 지폐 등 충분히 넣을 수 있습니다.

20. お探しのスタイルやサイズがございますか。

▶ 찾으시는 사이즈나 스타일이 있으십니까?

TIP!!

カバンの種類(가방 종류)

ハンドバッグ	핸드백	手に持ったり、肩にかける小さいカバンの総称
ショルダーバッグ	숄더백	肩にかけるタイプのカバン
トートバッグ	토트백	二つの短い持ち手がついた中間サイズのカバンで、ジッパーはついていないものが多い
クラッチバッグ	클러치백	持ち手がなく、小脇にかかえて持つタイプの小さいカバン
リュックサック デイパック	백팩	背中に背負うタイプのカバン
ボストンバッグ	보스턴백	底が長方形で上部は丸くなっており、ジッパーがついている旅行用のカバン
ポーチ	파우치	小物や化粧品などを入れる小さいカバン

財布の種類(지갑 종류)

長財布	장지갑	キーケース	열쇠지갑
二つ折り財布	반지갑	パスポートケース	여권지갑
小銭入れ コインケース	동전지갑	名刺入れ カードケース	명함지갑

주요단어

- 牛革(ぎゅうがわ) 소가죽
- 三色(さんしょく) 삼색
- 処理(しょり) 처리
- ひも 끈
- 流行(りゅうこう) 유행
- 優(すぐ)れる 우수하다
- 年齢(ねんれい) 연령
- 長財布(ながさいふ) 장지갑
- 材質(ざいしつ) 재질
- 汚(よご)れる 더러워지다
- 柔(やわ)らか 폭신함, 유연함
- 十分(じゅうぶん) 충분히
- シープスキン 양가죽
- 種類(しゅるい) 종류
- 革製品(かわせいひん) 가죽제품
- 調節(ちょうせつ) 조절
- 世界的(せかいてき) 세계적
- 感触(かんしょく) 감촉
- 二(ふた)つ折(お)り財布(さいふ) 반지갑
- 布(ぬの) 천
- 拭(ふ)く 닦다, 훔치다
- 合成皮革(ごうせいひかく) 인조가죽
- お札(さつ) 지폐
- ピッグスキン 돼지가죽
- 茶色(ちゃいろ) 갈색
- 傷(きず)が生(しょう)じる 상처가 생기다
- 長所(ちょうしょ) 장점
- 季節(きせつ) 계절
- 品質(ひんしつ) 품질
- 素材(そざい) 소재
- 財布(さいふ) 지갑
- 小銭(こぜに) 동전
- 中性洗剤(ちゅうせいせんざい) 중성세제
- 塗(ぬ)る 칠하다, 바르다
- 値段(ねだん) 가격
- ジャガード[jacquard] 두꺼운 바탕에 무늬 있는 직물

대 화 

1. 店員 ：何かお探しの品物はございますか。

▶ 필요하신 물건이 있으십니까?

お客 ：はい、妻にプレゼントしようと思うんですが、何かいい物がありますか。

▶ 네, 아내에게 선물하려고 합니다만, 뭐가 좋을까요?

店員 ：ご予算はどのくらいをお考えですか。

▶ 예산은 어느 정도 생각하고 계십니까?

お客 ：300ドルくらいを考えています。

▶ 300달러 정도로 생각하고 있습니다.

店員 ：では、こちらのハンドバッグはいかがですか。革製品ですが、重くなく軽くて便利なのが特徴です。また季節に関係なく、流行にあまり左右されません。

▶ 그럼 이 핸드백은 어떻습니까? 가죽제품이지만 무겁지 않고 가벼워서 편리한 것이 특징입니다. 또한 계절에 상관이 없으며 유행을 잘 타지 않습니다.

お客 ：これ以外に他の物もありますか。

▶ 이 밖에 다른 것도 있습니까?

店員 ：こちらのショルダーバッグはいかがですか。黒、赤、茶色の三色があり、スモール、ミディアム、ラージの３つのサイズがございます。今年流行のスタイルで最も人気のある商品です。

▶ 이 숄더백은 어떻습니까? 이 백은 검정, 빨강, 갈색 세 가지 칼라가 있으며 Small, Medium, Large 세 가지 사이즈가 있습니다. 올해 유행하는 스타일이며 최고 인기 있는 상품입니다.

お客 : どれもいいですね。私はこれが気に入りました。

▶ 다 괜찮네요. 저는 이것이 마음에 드는데요.

店員 : こちらの商品は100%ピッグスキン(豚革)で精密加工されており、ひもは調節可能になっております。またコーティングがしてあるのであまり傷がつきません。

▶ 이 상품은 100% 돼지가죽으로 정밀가공 되어 있으며, 끈은 조절이 가능하게 되어 있습니다. 또한 코팅처리가 되어 있기 때문에 흠집이 잘 나지 않습니다.

私どもグッチは世界的にも人気の高いフランスの有名ブランドです。

▶ 저희 GUCCI는 세계적인 명품으로 인기가 많은 프랑스 유명 브랜드입니다.

2. お客 :このカバンは何の革でできていますか。

▶ 이 가방은 무슨 가죽으로 만들었습니까?

店員 : 牛革で作られています。牛革は使えば使うほどつやが出てとても丈夫です。また、他の商品より品質が優れており、感触がとてもいいです。

▶ 쇠가죽으로 만들었습니다. 쇠가죽은 쓰면 쓸수록 광택이 나며 굉장히 질깁니다. 또, 다른 상품보다 품질이 뛰어나며 감촉이 매우 좋습니다.

お客 : 他の色はありませんか。

▶ 다른 칼라는 없습니까?

店員 : こちらのカバンは黒、赤、茶色の三色があり、三種類とも皆人気があります。その中で一番無難な色は黒です。

▶ 이 가방은 검정, 빨강, 갈색 세 가지 칼라가 있는데 세 가지 모두 인기가 있습니다. 그 중에 가장 무난한 칼라는 검정색입니다.

お客 ：このカバンは革ではなく、布で作られているようですが…

▶ 이 가방은 가죽이 아닌 천으로 만든 것 같은데…

店員 ：はい、そうです。こちらの素材はジャガード織りで、とてもシンプルで軽いので、年齢に関係なく人気がございます。

▶ 예, 그렇습니다. 이 소재는 자가드 패브릭으로 되어 있어 아주 심플하고 가벼워서 연령에 관계없이 인기가 있습니다.

3. お客 ：プレゼント用に、男性用の財布をちょっと見たいんですが。

▶ 선물용으로 남성용 지갑을 좀 볼 수 있을까요?

店員 ：はい、こちらにございます。長財布、二つ折り財布、小銭入れの三種類があり、材質は革と布です。こちらの財布は、男性用の二つ折り財布で小銭入れ兼用として使えます。

▶ 예, 이쪽에 있습니다. 장지갑과 반지갑, 동전지갑 세 종류가 있는데 재질은 가죽과 천입니다. 이 지갑은 남성용 반지갑으로 동전 지갑 겸용으로 쓸 수 있습니다.

お客 ：名刺ケースもありますか。

▶ 명함 케이스도 있습니까?

店員 ：はい、ございます。2種類のモデルがございますが、名刺と身分証明書入れ兼用のものと、名刺とカード入れ兼用のものがございます。このキーケースも贈り物用にとても人気がある商品です。

▶ 예, 있습니다. 두 가지 모델이 있는데, 명함과 신분증 겸용과 명함과 카드 겸용이 있습니다. 이 키 케이스도 선물용으로 많이 찾습니다.

お客 ：財布が汚れた場合にはどうしたらいいですか。

▶ 지갑이 더러워질 경우는 어떻게 합니까?

店員 ：カバン類と同様に、布製は中性洗剤で汚れた部分をお拭きください。

▶ 가방종류와 마찬가지로 천으로 만든 제품은 중성세제로 더러워진 부분을 닦아 주시면 됩니다.

革製品は革クリームを塗って柔らかい布でしみの部分をお拭き下さい。

▶ 가죽 제품은 가죽크림을 발라서 부드러운 천으로 얼룩 부분을 닦아 주시면 됩니다.

주요단어

- 必要 필요
- 以外 이외
- 無難 무난
- 身分証明書 신분증
- 品物 물건, 물품
- 精密 정밀
- 兼用 겸용
- カバン類 가방류
- 予算 예산
- 加工 가공
- 名刺 명함
- 布製 천 제품

10. ネクタイ・スカーフ (넥타이 · 스카프)

기본예문

1. ネクタイ(スカーフ)はたいてい99%がシルク(カシミア)製品で、冬ものにはウールが織り込まれているものもございます。

▸ 타이(스카프)는 거의 99%가 실크(캐시미어)제품이고, 겨울상품은 울이 섞여 있는 것도 있습니다.

2. たいていのものは表面がプリントされたものであり、10%程度はジャガードでございます。

▸ 대부분 표면이 프린트 되어 있고 10% 정도는 자가드 제품입니다.

3. こちらの商品は3種類のカラーがございます。

▸ 이 제품은 세 가지 색상이 있습니다.

4. 特に、お探しのブランドはございますか。

▸ 특별히 찾으시는 브랜드 상품이 있습니까?

5. こちらの商品は40代から50代向けに作られた今年の冬の新商品です。

▸ 이 상품은 중년층을 겨냥해 만든 올 겨울 신상품입니다.

6. 色と模様が控え目なので、男性に人気の高い商品です。

▸ 색깔과 무늬가 적어서 남성들에게 인기 있는 제품입니다.

7. お若く見えますね。青のワイシャツとよくお似合いです。

▸ 젊어 보이시네요. 파란색 와이셔츠와 잘 어울리십니다.

8. 直接ネクタイを胸にあててお鏡でご覧ください。よくお似合いだと思います。

▸ 직접 타이를 가슴에 대어 거울에 비춰 보십시오. 잘 어울리실 것 같습니다.

9. 最近もっとも無難でよく売れているスカーフ(ネクタイ)です。

▸ 요즘 제일 무난하면서 잘 나가는 스카프(타이)입니다.

10. エトロのスカーフは華やかなパステル系で、どんな服にもよく似合います。

▸ 에트로 스카프는 화려한 파스텔 계통으로 어떤 옷이든 무난하게 잘 어울립니다.

11. 100%カシミアで作られ、4種類の色がございます。

▸ 100% 캐시미어로 만들었으며 네 가지 색상이 있습니다.

12. 特に、お好きな色はございますか。

▸ 특별히 좋아하시는 색이 있습니까?

13. 色ぐろ(肌の色が黒い人)の方の場合は明るめのベージュ系がいいかと思います。

▸ 얼굴이 검은 경우에는 약간 밝은 베이지 계통이 좋을 것 같습니다.

14. こちらは長方形の長いショールで、あちらは一番大きいサイズの正方形のショールです。

▸ 이것은 직사각형의 긴 숄이고 저것은 제일 큰 사이즈로 정사각형이 있습니다.

주요단어

- 織り込む 무늬를 섞어 짜넣다
- 程度 정도
- 控え目 적은 듯함
- 鏡 거울
- パステル[pastel] 파스텔
- 系統 계통
- たいてい 대개, 대체로
- 新商品 신상품
- 直接 직접
- 無難 무난
- 正方形 정사각형
- 表面 표면
- 模様 모양
- 胸 가슴
- 華やか 화려하다
- 長方形 직사각형

대 화

1. 店員 : ネクタイは、たいてい99%がシルク(カシミア)製品で、冬ものにはウールが織り込まれているものもございます。

▸ 타이는 대부분 99% 실크(캐시미어)제품이며 겨울상품은 울이 섞여 있는 것도 있습니다.

たいていのものは表面がプリントされたものであり、10%程度はジャカードでございます。

▸ 대부분 표면이 프린트 되어 있고 10%정도는 자카드 제품입니다.

お客 : このネクタイは私に似合うでしょうか。

▸ 이 넥타이는 나에게 잘 어울릴까요?

店員 : 直接ネクタイを胸にあてて鏡でご覧ください。よくお似合いだと思います。

▸ 직접 넥타이를 가슴에 대어 거울에 비춰 보십시오. 잘 어울리실 것 같습니다.

最近、もっとも無難でよく売れているネクタイです。

▸ 요즘 제일 무난하면서 잘 나가는 타이입니다.

お客 : なかなかいいですね。

▸ 굉장히 멋있어 보이는데요.

店員 : お若く見えますね。青のワイシャツとよくお似合いです。

▸ 젊어 보이시네요. 파란색 와이셔츠와 잘 어울리십니다.

2. 店員 : 特に、お探しのブランドはございますか。

▸ 특별히 찾으시는 브랜드 상품이 있습니까?

お客：父への贈り物をひとつ買おうと思うんですが、何かいい物はありませんか？

▶ 아버지 선물을 하나 사려고 하는데 뭐 괜찮은게 없을까요?

店員：フランスのブランドであるグッチのネクタイはいかがですか。

▶ 프랑스 브랜드인 구찌 넥타이는 어떻습니까?

こちらの商品は40代から50代の方向けに作られた今年の冬の新商品です。

▶ 이 상품은 40~50대를 겨냥해 만든 올 겨울 신상품입니다.

お客：これなら父によく似合うかなぁ…

▶ 이것이라면 아빠한테 잘 어울릴까?

店員：色と模様が控え目なので、年輩の男性の方に人気がある商品でございます。

▶ 색깔과 무늬가 적어서 나이 드신 남성분에게 인기 있는 상품입니다.

3. お客：最近、一番無難でよく売れているスカーフはどれですか。

▶ 요즘 제일 무난하면서 잘 나가는 스카프는 어떤 것입니까?

店員：エトロスのスカーフは華やかなパステル系で、どんな服にもよく似合います。

▶ ETRO스카프는 화려한 파스텔 계통으로, 어떤 옷이든 무난하게 잘 어울립니다.

特に、お好きな色がございますか。

▶ 특별히 좋아하시는 색깔이라도 있습니까?

お客：赤が好きなんですが…

▶ 빨간색을 좋아하긴 하지만…

店員 : では、こちらがよくお似合いになるかと思います。

▶ 그러시면 이것이 잘 어울릴 것 같습니다.

最近、もっとも無難でよく売れているスカーフです。

▶ 요즘 제일 무난하면서 잘 나가는 스카프입니다.

お客 : 一度かけてみてもいいですか。

▶ 한번 걸쳐 보아도 되나요?

店員 : 勿論です。鏡はこちらです。

▶ 물론입니다. 거울은 여기에 있습니다.

4. お客 : 色白の(肌の色が白い)20代にはどんな色がいいでしょうか。

▶ 얼굴색이 희고 20대에게는 어떤 색이 잘 어울릴까요?

店員 : 色白の方の場合は明るめのピンク系統がよろしいかと思います。

▶ 얼굴이 흰 경우는 약간 밝은 핑크 계통이 좋은 것 같습니다.

お客 : スカーフは皆同じ種類の物だけですか。

▶ 스카프는 다 똑같은 종류들뿐입니까?

店員 : いいえ。こちらは100%カシミア製品で4種類の色がございます。

▶ 아닙니다. 이쪽은 100% 캐시미어 제품으로 4종류 색상이 있습니다.

こちらはウールとカシミアの混紡で、あちらはシルク(絹)とカシミアの混紡になっております。

▶ 이것은 울과 캐시미어 혼방으로 되어 있고 저것은 실크와 캐시미어 혼방으로 되어 있습니다.

お客 : サイズはすべて同じですか。

▶ 사이즈는 다 같나요?

店員：いいえ、こちらは長方形の長いショールで、あちらは一番大きいサイズの正方形のショールです。

▶ 아닙니다. 이것은 직사각형의 긴 숄이고 저것은 제일 큰 사이즈로 정사각형이 있습니다.

주요단어

- たいてい 대부분
- 勿論 물론
- 混紡 혼방
- 混ざる 섞이다
- 肌 피부
- 年輩 연배
- 絹 비단, 실크

11. サングラス・眼鏡 (선글라스 · 안경)

기본예문

1. どのような形のサングラスをお探しですか。(ラウンド/四角/大きい/小さい)
 ▸ 어떤 모양의 선글라스를 찾으십니까? (라운드/사각/큰/작은)

2. おさがしのブランドはございますか。有名ブランドがすべてそろっております。
 ▸ 어떤 브랜드를 찾으십니까? 유명 브랜드가 모두 진열 되어 있습니다.

3. 100%UV(紫外線)遮断効果があります。
 ▸ 100% UV(자외선) 차단 효과가 있습니다.

4. 価格は100ドルから250ドルの間です。
 ▸ 가격대는 100달러에서 250달러 사이입니다.

5. 新商品はセールしておらず、去年の商品のみセールしております。
 ▸ 신상품은 세일하지 않으며 이월상품만 세일하고 있습니다.

6. おしゃれでサングラスをかけたりもしますが、最近は目を保護するためにもかけることが多いです。
 ▸ 멋으로 선글라스를 착용하기도 하지만 요즘은 눈을 보호하기 위해 착용하는 경우가 많습니다.

7. 一年中ご使用でき、室内でもお使いになれる薄いカラーでございます。
 ▸ 일 년 내내 사용 가능하며 실내에서도 사용할 수 있는 옅은 색상입니다.

8. かけてみられますか。

▶ 한번 써 보시겠습니까?

9. サングラスの種類は大きくメタル、プラスティック、縁無しに分けられます。

▶ 선글라스 종류는 크게 메탈, 플라스틱, 무테로 나누어집니다.

10. 眼鏡のフレームを選ばれた後、視力検査をいたします。

▶ 안경테를 고르신 다음 시력검사를 하겠습니다.

11. 度数が高く乱視のあるお客様には、質の良いレンズをお勧めします。

▶ 눈이 나쁘고 난시가 있는 손님에게는 질이 좋은 렌즈를 권합니다.

12. 圧縮レンズは値段は少し高めですが、お客様の場合、一般レンズは合いません。

▶ 압축렌즈는 약간 비싸지만 손님의 경우에는 일반렌즈가 맞지 않습니다.

13. よろしければサービスでレンズにカラーをお入れいたします。

▶ 원하시면 서비스로 렌즈에 칼라를 넣어 드리겠습니다.

14. できればコンタクトレンズよりも眼鏡をかけられる方が目に負担がかかりません。

▶ 가능하면 콘텍트렌즈 보다 안경을 착용하시는 것이 눈에 부담이 없습니다.

15. お顔の形にお合わせいたします。

▶ 얼굴형에 맞춰드리겠습니다.

16. 5分くらいで完成し、その後お客様のお顔に合わせて眼鏡を調整いたします。

▸ 5분 정도면 완성되니 곧바로 손님의 얼굴에 맞게 안경을 조정해 드리겠습니다.

17. このデザインがお客様の雰囲気とお顔の形によくお似合いだと思います。

▸ 이 디자인이 손님의 분위기와 얼굴형에 잘 어울릴 것 같습니다.

18. 金縁で軽くて上品に見えます。

▸ 금테로 만들어져 가볍고 품위가 있어 보입니다.

TIP!!

サングラスの種類(しゅるい) (선글러스 종류)

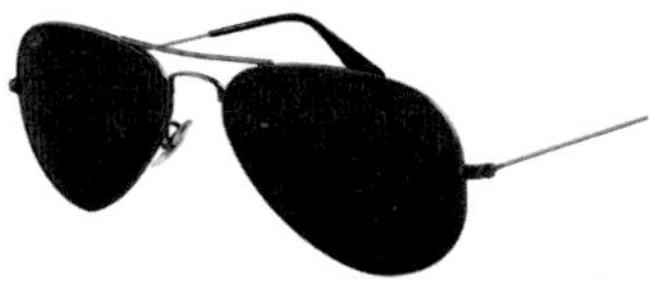	ティアドロップ型(がた)	물방울모양
	ウェリントン型(がた)	반사각형
	バタフライ型(がた)	나비모양

주요단어

- 形(かたち) 모양, 형상
- 遮断(しゃだん) 차단
- 保護(ほご) 보호
- プラスティック 플라스틱
- フレーム[frame] 테, 틀
- 乱視(らんし) 난시
- 高(たか)め (값이) 조금 비쌈
- 雰囲気(ふんいき) 분위기
- 四角(しかく) 사각
- 度数(どすう) 도수
- 室内(しつない) 실내
- 縁無(ふちな)し 무테
- 視力(しりょく) 시력
- 圧縮(あっしゅく) 압축
- 完成(かんせい) 완성
- 金縁(きんぶち) 금테
- 紫外線(しがいせん) 자외선
- 負担(ふたん) 부담
- 薄(うす)い 얇다, 연하다
- 眼鏡(めがね) 안경
- 検査(けんさ) 검사
- 値段(ねだん) 가격
- 調整(ちょうせい) 조정
- 上品(じょうひん)だ 품위가 있다.

대 화

1. 店員 ：どうぞごゆっくりご覧下さい。ご自分のスタイルに合うかどうか、鏡をご覧になってかけてみてください。世界的に有名なブランドがそろっております。

▶ 천천히 구경하세요. 자기 스타일에 맞는지 거울을 보면서 써 보세요. 세계적으로 유명한 브랜드가 모두 있습니다.

お客 ：似合っていますか。これも紫外線が遮断できる商品ですか。

▶ 잘 어울리는 것 같습니까? 이것도 자외선이 차단되는 제품입니까?

店員 ：勿論です。100%紫外線遮断効果があります。よくお似合いですよ。

▶ 물론입니다. 100% UV(자외선)이 차단됩니다. 너무 잘 어울리십니다.

お客 ：この商品も、セールしていますか。

▶ 이 상품도 세일을 합니까?

店員 ：申し訳ございませんが、こちらの商品はセールいたしておりません。

▶ 죄송합니다만, 이 제품은 세일을 하지 않습니다.

新商品はセールはせず、去年の商品のみセールしております。

▶ 신상품은 세일하지 않으며 이월상품만 세일하고 있습니다.

2. 店員 ：サングラスの種類は大きくメタル、プラスティック、縁無しに分けられます。

▶ 선글라스 종류는 크게 메탈, 플라스틱, 무테로 나누어집니다.

価格は50ドルから250ドルの間です。

▶ 가격대는 50달러에서 250달러 사이입니다.

お客 ：私の顔の形に合うサングラスを選んでもらえませんか。

▶ 제 얼굴형에 맞는 선글라스를 골라주실 수 있겠습니까?

店員 ：このデザインがお客様の雰囲気とお顔の形によくお似合いだと思います。一度、かけてみてください。

▶ 이 디자인이 손님의 분위기와 얼굴형에 잘 어울릴 것 같습니다. 한 번 써 보시겠습니까?

お客 ：あまり似合わないと思うんですが…

▶ 제게는 좀 별로인 것 같은데요.

店員 ：それなら、こちらを一度かけてみてください。

▶ 그럼 이것으로 한 번 써보시겠습니까?

おしゃれでサングラスをかけたりもしますが、最近は目を保護するためにかけることが多いです。

▶ 멋으로 선글라스를 착용하기도 하지만 요즘은 눈을 보호하기 위해 착용하는 경우가 많습니다.

季節を問わずご使用でき、室内でもお使いになれる薄いカラーで人気のある商品でございます。

▶ 계절에 관계없이 착용할 수 있고 실내에서도 착용할 수 있는 옅은 색상으로 인기 있는 제품입니다.

お客 ：そうですね。無難なスタイルですね。

▶ 그렇군요. 무난한 스타일인 것 같습니다.

3. 店員 ：いろいろなスタイルの眼鏡のフレームがございます。

▶ 다양한 스타일의 안경테가 있습니다.

ごゆっくりご覧くださいませ。

眼鏡のフレームとレンズはすべて国産でございます。

▶ 천천히 구경해 보세요. 안경테와 렌즈는 전부 국산입니다.

お客 ：視力検査も一緒にできますか。

▶ 시력검사도 함께 하는 겁니까?

店員 ：はい、勿論です。

▶ 예, 물론입니다.

眼鏡のフレームを選ばれた後、視力検査をいたします。

▶ 안경테를 고르신 다음 시력검사를 하겠습니다.

お客 ：これがいいと思うんですが、一度かけてみてもいいですか。

▶ 이것이 괜찮을 것 같은데, 한번 써 봐도 되겠습니까?

店員 ：勿論です。どうぞ。鏡はこちらにです.

▶ 물론입니다. 여기 있습니다. 거울은 여기에 있습니다.

お客 ：似合ってますか。すこし、不自然なようですが....

▶ 잘 어울립니까? 조금 어색한 것 같은데....

店員 ：よくお似合いだと思いますが

▶ 제가 보기엔 잘 어울리시는데요.

お客 ：そうですか。それなら、フレームはこれにします。

▶ 그래요? 그럼 테는 이것으로 하겠습니다.

4. お客 ：コンタクトレンズもありますか。

▶ 콘텍트렌즈도 있어요?

店員 ：はい、ございます。でも、できればコンタクトレンズよりも眼鏡をかけられる方が目に負担がかかりません。

▶ 예, 있습니다. 하지만 가능하면 콘텍트렌즈 보다 안경을 착용하시는 것이 눈에 부담이 없습니다.

お客様は度数が高く乱視があるので、良いレンズを使うことをお勧めします。

▶ 손님은 눈이 나쁘고 난시가 있어서 질이 좋은 렌즈를 사용할 것을 권하고 싶습니다.

お客 ：あ、はい…レンズはどんな物がありますか。

▶ 아, 예… 렌즈는 어떤 것이 있습니까?

店員 ：一般レンズと圧縮レンズがあります。

▶ 일반렌즈와 압축렌즈가 있습니다.

圧縮レンズは値段は少し高めですが、お客様の場合一般レンズは合いません。

▶ 압축렌즈는 약간 비싸지만 손님의 경우에는 일반렌즈가 맞지 않습니다.

お客 ：それなら圧縮レンズとこのフレームでお願いします。

▶ 그러면 압축렌즈와 이 안경테로 해주세요.

店員 ：はい、かしこまりました。お客様、5分くらいで完成いたします。その後眼鏡をお客様のお顔に合わせて調整いたします。

▶ 예, 알겠습니다. 손님, 5분 정도면 완성됩니다. 곧바로 안경을 손님의 얼굴에 맞게 조정해 드리겠습니다.

주요단어

- 国産 국산
- 不自然だ 부자연스럽다, 어색하다
- コンタクトレンズ[contact lens] 콘택트렌즈

12. 衣類 (의류)

기본예문

1. お召しになる方のサイズはどのくらいでしょうか。

▶ 입으시는 분 사이즈는 어떻게 되십니까?

2. 今シーズンの新商品として入荷したベスト商品でございます。

▶ 최근에 시즌 신상품으로 들어온 베스트 상품입니다.

3. この婦人服はフェラガモの典型的なデザインで流行に左右されません。

▶ 이 숙녀복은 페라가모의 전형적인 디자인으로 유행을 타지 않습니다.

4. スカーフ(ネックレス/ ショール/ 帽子/ マフラー)と一緒にコーディネイトすれば、また違った雰囲気になります。

▶ 스카프(목도리/ 숄/ 모자/ 머플러)와 함께 코디하면 다른 분위기를 낼 수 있습니다.

5. 色はベージュで、布の素材は綿50%とウール50%が混ざった天然繊維です。

▶ 색상은 베이지색이고 천 소재는 면 50%와 울 50%가 섞인 천연섬유입니다.

6. 保温性と防水性に優れており、軽くて温かいです。

▶ 보온성과 방수성이 뛰어나며 가볍고 따뜻합니다.

7. 洗濯は、こちらをご覧になると手洗いではなくドライクリーニングとなっております。こちらは水洗いができます。

▸ 세탁은 여기 보시면 손빨래는 안 되고 드라이를 하셔야 됩니다. 이것은 물세탁이 가능합니다.

8. あちらの試着室で試着できます。こちらは試着できない商品となっております。

▸ 저쪽 탈의실에서 입어 보셔도 됩니다. 이것은 입어 보실 수 없는 상품입니다.

9. 贈り物をさしあげる方の年齢と体格はどのくらいですか。

▸ 선물하실 분의 연령과 체격은 어떻게 되십니까?

10. お子様はおいくつですか。女の子ですか。それとも、男の子ですか。

▸ 자녀분은 몇 살입니까? 여자아이입니까? 아니면 남자아이입니까?

11. デザインがシンプルで色合いが洗練された服でございます。

▸ 디자인이 심플하면서도 색깔대비가 세련된 옷입니다.

12. 感触も柔らかくて伸縮性も優れています。

▸ 감촉도 부드럽고 신축성도 좋습니다.

13. 少し長いようです。

▸ 조금 긴 것 같습니다.

14. もう少し小さいサイズの方がよろしいかと思います。

▸ 좀 더 작은 사이즈가 맞을 것 같습니다.

15. こちらの色とデザインがお客様の知的なスタイルとよくお似合いです。

▶ 이 색상과 디자인이 손님의 지적인 스타일과 잘 어울립니다.

16. こちらの商品は若い女性に人気があり、この夏流行のデザインです。

▶ 이 상품은 젊은 여성에게 인기가 있으며 이번 여름에 유행하는 디자인입니다.

17. ウエストのサイズがどのくらいですか。

▶ 허리 사이즈가 어떻게 됩니까?

TIP!!

婦人服サイズ　対照表(여성의류 사이즈 대조표)

韓国	85	90	95	100	105	110
	44	55	66	77	88	99
日本	7	9	11	13	15	17
	S	M	L	LL	3L	4L
アメリカ	32	34	36	38	40	42
イギリス	8	10	12	14	16	18
フランス	36	38	40	42	44	46
イタリア	40	42	44	46	48	50

紳士服サイズ　対照表(남성의류 사이즈 대조표)

韓国	85	–	90	95	–	100	105
日本	S	–	M	L	–	LL/XL	–
アメリカ イギリス	14	14 1/2	15	15 1/2	16	16 1/2	17 1/2
イタリア	36	37	38	40	41	42	44

주요단어

- 典型的(てんけいてき) 전형적
- 試着(しちゃく) 시착
- 綿(めん) 면
- 保温(ほおん) 보온
- 洗濯(せんたく) 세탁
- 試着室(しちゃくしつ) 탈의실
- 色合い(いろあい) 색상대비
- 伸縮性(しんしゅくせい) 신축성
- 入荷(にゅうか) 입하
- 帽子(ぼうし) 모자
- 天然(てんねん) 천연
- 防水(ぼうすい) 방수
- 手洗い(てあらい) 손빨래
- 年齢(ねんれい) 연령
- 洗練(せんれん) 세련
- ドライクリーニング 드라이크리닝
- 婦人服(ふじんふく) 숙녀복
- 素材(そざい) 소재
- 繊維(せんい) 섬유
- 優れる(すぐれる) 우수하다
- 水洗い(みずあらい) 물빨래
- 体格(たいかく) 체격
- 感触(かんしょく) 간촉

대 화

1. 店員 ：今シーズンの新商品として入ってきたベスト商品です。

▸ 이번 시즌 신상품으로 들어온 베스트상품입니다.

この婦人服は私どもバーバリーの典型的なデザインで、流行に左右されません。

▸ 이 숙녀복은 저희 버버리의 전형적인 디자인으로 유행을 타지 않습니다.

スカーフ(ネックレス、帽子)と一緒にコーディネイトすれば、また違った雰囲気になります。

▸ 스카프(목도리, 모자)와 함께 코디하면 또 다른 분위기를 낼 수 있습니다.

お客 ：素材は何ですか。

▸ 소재가 무엇입니까?

店員 ：布の素材はウール50%と綿50%が混ざった天然繊維です。

▸ 천의 소재는 울 50%와 면 50%가 섞인 천연섬유입니다.

お客 ：あまり似合わないと思うんですけど…

▸ 잘 어울리지 않을 것 같은데요.

店員 ：デザインがシンプルで色合いが洗練されているので、お客様の知的なスタイルとよくお似合いになると思います。

▸ 디자인이 심플하면서도 색깔대비가 세련되어 있어서, 손님의 지적인 스타일과 잘 어울린다고 생각합니다.

2. お客 ：弟にシャツをプレゼントしようと思うんですが、どんな物がいいですか。

▸ 남동생에게 셔츠를 선물하려고 하는데 어떤 것이 좋겠습니까?

店員 ：そうですね… さしあげる方の年齢と体格はどのくらいですか。

▶ 그러세요? 선물하실 분의 연령과 체격은 어떻게 되십니까?

お客 ：背が180センチくらいで痩せても太ってもいません。年は27才です。

▶ 키가 180cm 정도이고 마르지도 뚱뚱하지도 않습니다. 나이는 27살 입니다.

店員 ：でしたら、こちらのシャツはいかがですか。こちらの商品は若い男性に人気があり、この冬流行のデザインです。また、感触が柔らかく伸縮性に優れています。

▶ 그러면 이 셔츠는 어떻습니까? 이 상품은 젊은 남성에게 인기가 있으며, 이번 겨울에 유행하는 디자인입니다. 또한 감촉이 부드러우며 신축성이 뛰어납니다.

お客 ：洗濯はどうすればいいですか。

▶ 세탁은 어떻게 하면 됩니까?

店員 ：洗濯はこちらをご覧になると手洗いではなく、ドライクリーニングとなっております。

こちらのシャツは水洗いが可能です。綿100％で保温性に優れており、温かいです。

▶ 세탁은 여기 보시면 손빨래는 안 되고 드라이를 하셔야 됩니다.
이 셔츠는 물세탁이 가능합니다. 면 100%로 만들어 보온성이 뛰어나며 따뜻합니다.

3. お客 ：プレゼントにいい子供服ありますか？

▶ 선물용으로 좋은 아동복 있습니까?

店員 ：お子様はおいくつですか。女の子ですか。それとも、男の子ですか。

▶ 자녀분은 몇 살입니까? 여자아이입니까? 아니면 남자아이입니까?

お客 ：5才の男の子です。

▶ 다섯 살 남자 아이입니다.

店員 ：最近流行している上下のセットはいかがですか。

▶ 요즘 유행하고 있는 상・하 한벌 세트는 어떻습니까?

綿100%で帽子もついており、動きやすくて人気の商品です。

▶ 100% 면으로 모자도 딸려있으며 활동하기 편해서 인기 있는 상품입니다.

お客 ：かわいいですね。でも、お母さんが気に入ってくれるでしょうか。

▶ 예쁘네요. 하지만 엄마가 좋아할지 모르겠군요.

店員 ：こちらは、若いお母さん方にも人気のブランドで、子どもたちが好きなキャラクターが描かれており、デザインも洗練されているので、プレゼントなさるととても喜ばれます。

▶ 이것은 젊은 엄마들에게도 인기 있는 브랜드로, 아이들이 좋아하는 캐릭터가 새겨져 있고, 디자인도 세련되어 선물하시면 매우 기뻐하실 것 입니다.

お客 ：じゃあ、それをください。

▶ 예, 그럼 그것으로 주세요.

4. 店員 ：ゴルフはお好きですか。私どもの商品はゴルファーが好んで着るゴルフウェアーで、こちらは新商品です。一度着てみられてはいかがですか。

▶ 골프 좋아하시죠? 저희 상품은 골퍼들이 즐겨 입을 수 있는 골프웨어 신상품입니다. 한 번 입어 보시겠습니까?

お客 ：あまり気に入りませんが。

▶ 별로 마음에 들지 않는데요.

店員 ：私どもナイキのゴルフウェアーはタイガーウッズも着ている商品で、保温性と防水性に優れています。

▶ 저희 나이키 골프웨어는 타이거우즈도 입는 제품으로 보온성과 방수성이 뛰어납니다.

フィールドで必要なすべての条件を考慮して作ったスポーツ科学の結晶体です。

▶ 필드에서 필요한 모든 조건을 고려해 만든 스포츠과학의 결정체입니다.

その他に帽子とカバン、ゴルフボールもございます。

▶ 그 밖에 모자와 가방, 골프공도 있습니다.

お客 ：そうですか。それならLサイズをください。着てみてもいいですか。

▶ 그렇습니까? 그럼 L사이즈로 주세요. 입어 보아도 됩니까?

店員 ：はい、勿論です。あちらの試着室でご試着ください。

▶ 예, 물론입니다. 저쪽 탈의실에서 입어 보셔도 됩니다.

주요단어

- 新商品 신제품
- 背 키
- 考慮 고려
- 科学 과학
- 痩せる 여위다, 마르다
- お子様 자녀분
- 条件 조건
- ドライクリーニング[dry cleaning] 드라이 크리닝
- 太る 살찌다
- 上下 상하
- 結晶体 결정체

13. 記念品・雑貨 (기념품 · 잡화)

기본예문

1. 韓国伝統文様で描かれた製品でございます。

▸ 한국 전통문양으로 그려진 제품입니다.

2. こちらは伝統民芸品のコーナーです。韓国的で伝統的な美が加えられた商品は、デパートでは見ることができません。

▸ 여기는 전통 민예코너 입니다. 한국적이며 전통적인 아름다움이 가미된 상품으로 백화점에서는 볼 수가 없습니다.

3. 幸福、富、愛、長寿などの意味がございます。

▸ 행복, 부, 사랑, 장수 등의 의미가 있습니다.

4. こちらの商品は、韓国固有の伝統的な組み紐と刺繍がほどこされた民芸品です。

▸ 이 상품은 한국 고유의 전통적인 매듭과 자수로 장식된 민예품입니다.

5. 免税品は一般商店用の製品より品質が優れております。

▸ 면세품은 일반상점용 제품보다 품질이 우수합니다.

6. こちらの商品の装飾は、韓国の伝統衣装の華やかさと繊細さが美しく表現されております。

▸ 이 제품의 장식은 한국의 전통의상의 화려함과 섬세함이 아름답게 표현되어 있습니다.

7. こちらは顔パックで、垢擦りタオルも１枚入っております。

▸ 이것은 얼굴 팩이고 때타올도 한 장 들어 있습니다.

8. 韓国刺繍がほどこされた、装飾用の組み紐と模様からできた壁掛けでございます。

▸ 한국자수가 새겨진 장식용 매듭과 무늬로 만든 벽걸이 장식입니다.

9. ファフェ(河回)の仮面模様の商品や、鶴、孔雀、蝶など色々な刺繍がほどこされた商品がございます。

▸ 하회탈 모양으로 된 상품과 자수로 놓은 학, 공작, 나비 등 여러 제품들이 있습니다.

10. マシマロ、クレヨンしんちゃん、キティーなど多様なキャラクター商品もございます。

▸ 마시마로, 크레용신짱, 키티 등 다양한 캐릭터 상품들도 있습니다.

11. 韓国伝統模様の携帯ストラップはお土産に人気があります。

▸ 한국전통모양의 핸드폰 고리는 선물용으로 인기가 있습니다.

12. 韓国の観光記念に韓半島の地図が描かれた帽子とティーシャツはいかがですか。

▸ 한국 관광 기념으로 한국지도가 그려진 모자와 티셔츠는 어떻습니까?

13. ご使用方法はこのようになっております。

▸ 사용하시는 방법은 이렇게 하시면 됩니다.

14. 10個購入なさると、こちらをプレゼントとしておつけいたします。

▸ 10개를 구입하면 이것을 사은품으로 드립니다.

주요단어

- 文様(もんよう) 문양
- 富(とみ) 부, 재산
- 刺繍(ししゅう) 자수
- 民芸品(みんげいひん) 민예품
- 衣装(いしょう) 의상
- 仮面(かめん) 가면
- 蝶(ちょう) 나비
- 壁掛(かべか)け 벽걸이
- 鶴(つる) 학
- 民芸(みんげい) 민예
- 固有(こゆう) 고유
- ほどこす 가하다, 입히다
- 品質(ひんしつ) 품질
- 華(はな)やか 화려하다
- 繊細(せんさい) 섬세
- 孔雀(くじゃく) 공작
- キャラクター[character] 캐릭터
- 記念(きねん) 기념
- 幸福(こうふく) 행복
- 長寿(ちょうじゅ) 장수
- 組(く)み紐(ひも) 매듭
- 観光(かんこう) 관광
- 装飾(そうしょく) 장식
- 垢擦(あかす)りタオル 때타올
- 携帯(けいたい)ストラップ 핸드폰 줄
- 韓半島(かんはんとう) 한반도

대 화

1. 店員 : いらっしゃいませ。お探しの品物がございますか。

▶ 어서 오십시오. 찾으시는 제품이 있으십니까?

お客 : 息子にプレゼントするのにいい物はありませんか。

▶ 아들에게 선물하기 좋은 것이 없을까요?

店員 : こちらの携帯ストラップはいかがですか。

▶ 이 핸드폰 고리는 어떻습니까?

韓国の伝統模様の携帯ストラップは贈り物に人気がございます。

▶ 한국전통모양의 핸드폰 고리는 선물용으로 인기가 있습니다.

また、ファフェ(河回)の仮面模様の商品や、鶴、孔雀、蝶など色々な刺繍がほどこされた商品がございます。

▶ 또 하회탈 모양으로 된 상품과 자수로 세긴 학, 공작, 나비 등 여러 제품들이 있습니다.

こちらの商品は、韓国固有の伝統的な組み紐と刺繍がほどこされた民芸品でございます。

▶ 이 제품은 한국 고유의 전통 매듭과 자수가 새겨진 민예품입니다.

お客 : あ、あれがいいです。息子の趣味が切手収集ですから。

▶ 아, 저것이 좋겠습니다. 아들의 취미가 우표수집이라서.

店員 : あちらの切手セットのことですか。

▶ 저기 있는 우표세트 말입니까?

お客 : その横にある硬貨セットも一緒にください。

▶ 그 옆에 있는 동전세트도 같이 주세요.

2. お客 : きれいですね。これは何ですか。

▶ 예쁘군요. 이건 뭐죠?

店員 : 韓国の刺繍がほどこされた装飾用の組み紐と伝統模様からできた壁掛けです。

▶ 한국 자수가 새겨진 장식용 매듭과 전통무늬로 된 벽걸이 장식입니다.

伝統民芸コーナーの商品は、韓国的で伝統的なものが多く、デパートにはない商品です。

▶ 전통 민예코너의 제품은 한국적이며 전통적인 것이 많고 백화점에는 없는 제품입니다.

お客 : この商品を売っているのはここだけですか。

▶ 이 제품은 여기에서만 팝니까?

店員 : いくつかの商品は他の店でも販売しておりますが、免税店の商品は一般商店用の製品より品質が優れております。

▶ 몇몇 제품은 다른 가게에서도 판매합니다만, 면세상품은 일반상점용 제품보다 품질이 뛰어납니다.

お客 : うーん…お土産にたくさん買いたいのですが、安くしてもらえませんか。

▶ 음…선물용으로 많이 사고 싶은데 싸게 안 됩니까?

店員 : この商品を10個購入されますと、一つサービスでおつけいたします。

▶ 이 상품을 10개 구입하시면 1개를 서비스로 더 드립니다.

3. 店員 :こちらは韓国の伝統文様の製品でございます。幸福、富、愛、長寿などの意味があります。

▶ 이것은 한국 전통문양 제품입니다. 행복, 부, 사랑, 장수 등의 의미가 있습니다.

お客 : 韓国っぽいですね。このライターは油を使うんですか。それとも、ガスですか。

▶ 한국적이군요. 이 라이터는 기름을 사용합니까?
아니면 가스용 입니까?

店員 : ガスを使用します。

▶ 가스용입니다.

お客 : 使い方を教えてください。

▶ 사용법을 좀 가르쳐 주세요.

店員 : はい。

▶ 예.

お客 : これは何ですか。

▶ 이것은 뭡니까?

店員 : 顔パックで垢擦りタオルも 1 枚入っております。その他に韓国の観光記念に、韓半島の地図の描かれた帽子とティシャツはいかがですか。

▶ 얼굴 팩으로 때타월도 한 장 들어있습니다. 그 밖에 한국 관광기념으로 한국지도가 새겨진 모자와 티셔츠는 어떻습니까?

주요단어

- 息子 아들
- 収集 수집
- 油 기름
- 趣味 취미
- 硬貨 주화, 동전
- 切手 우표
- ~っぱい ~스럽다,~같다

14. その他 (기타)

기본예문

1. どの書体になさいますか。

▶ 어느 서체로 하시겠습니까?

2. どの材料になさいますか。

▶ 어느 재료로 하시겠습니까?

3. こちらが霹棗木(雷に打たれたナツメの木)で作った判子です。

▶ 이것이 벽조목으로 만든 도장입니다.

4. 有名な作家の作品です。

▶ 유명 작가의 작품입니다.

5. 全体的な調和と模様により価格の差がございます。

▶ 전체적인 조화와 모양에 의해 가격에 차이가 있습니다.

6. 漆器は韓国の一番伝統的な商品です。

▶ 칠기는 한국의 가장 전통적인 상품입니다.

7. こちらの作品は、韓国の人間国宝である柳海剛(ユヘガン)先生の作品です。

▶ 이 작품은 한국의 인간문화재 유해강 선생님의 작품입니다.

8. こちらの製品が一番有名です。

▶ 이 제품이 가장 유명합니다.

9. 竹塩は、竹に無公害の天日塩を入れて9回焼いて作りました。

▶ 죽염은 대나무에 무공해 천일염을 넣어 9번 구워 만들었습니다.

10. 竹塩は焼いて作られているので、竹塩石鹸は美容効果が高く、お肌のトラブルもほとんどありません。

▶ 죽염은 구워서 만들기 때문에 죽염비누는 미용효과가 높고 피부트러블도 거의 없습니다.

12. 竹塩製品の種類は、美容竹塩、竹塩マッサージジェル、竹塩クレンジングフォーム、竹塩石鹸、竹塩ボディクレンザーとローション、ヘアケアセットなどがございます。

▶ 죽염 제품 종류는 미용죽염, 죽염맛사지젤, 죽염폼클렌싱, 죽염비누, 죽염바디클렌저와 로션, 죽염 헤어케어셋트 등이 있습니다.

주요단어

- 書体(しょたい) 서체
- 判子(はんこ) 도장
- 全体的(ぜんたいてき) 전체적
- 価格(かかく) 가격
- 人間国宝(にんげんこくほう) 인간문화재
- 天日塩(てんびえん) 천일염
- 効果(こうか) 효과
- 材料(ざいりょう) 재료
- 作家(さっか) 작가
- 調和(ちょうわ) 조화
- 差(さ) 차, 차이
- 竹塩(たけじお) 죽염
- 石鹸(せっけん) 비누
- トラブル[trouble] 트러블
- 雷(かみなり) 천둥, 우레
- 作品(さくひん) 작품
- 模様(もよう) 모양
- 漆器(しっき) 칠기
- 無公害(むこうがい) 무공해
- 美容(びよう) 미용

대 화

1. 店員 : いらっしゃいませ。3~4分でお客様のご希望通りの判子をお作りいたします。どうぞご覧ください。

▶ 손님, 어서 오십시오. 3~4분 만에 손님이 원하시는 대로 도장이 완성됩니다. 한번 구경하시지요.

お客 : プレゼントにしようと思うんですが、印材はどんな物がありますか。

▶ 선물용으로 하려고 하는데 도장 재료는 어떤 것들이 있습니까?

店員 : はい、印材は霹棗木(雷に打たれたナツメの木)、象牙、玉、黒水牛(水牛の角)、特段、黄梁木(淮陽木)などがございます。

▶ 네, 도장재료는 벽조목과 상아, 옥, 흑수우(물소뿔), 특단, 황양목 등이 있습니다.

お客 : どの材料が一番人気がありますか。

▶ 어느 재료가 제일 인기가 있나요?

店員 : 霹棗木と 黒水牛(水牛の角)が一番よく売れております。

▶ 벽조목과 흑수우(물소뿔)이 제일 잘 나갑니다.

お客 : あ、そうですか。それなら霹棗木でお願いします。

▶ 아, 그래요. 그럼 벽조목으로 해주세요.

店員 : (サンプルをお見せしながら) お客様、こちらの書体にいたしましょうか。

▶ (샘플을 보여드리며) 손님, 이 서체로 해드릴까요?

お客 : いいですね。はい、これにしてください。

▶ 좋아요. 네, 이것으로 해주세요.

店員 : こちらに贈り物をなさる方のお名前をお書きください。

▶ 여기 선물하실 분 성함 좀 적어주세요.

2. 店員 ：お客様、ご覧くださいませ。

▶ 손님, 구경하십시오.

こちらの製品は韓国の漆器でございます。

▶ 이 제품은 한국칠기 입니다.

価格もお手頃で贈り物に適しており、すぐにお持ち帰りいただける商品です。

▶ 가격도 저렴하여 선물용으로 좋고, 지금 바로 가져가실 수 있는 제품입니다.

お客 ：あ~そうですか。うーん、本当にきれいですね。じゃあ、これをください。

▶ 아~그래요? 음, 정말 예쁘군요. 그럼 이것으로 주세요.

3. お客 ：この陶磁器は誰の作品ですか。

▶ 이 도자기는 누구의 작품입니까?

店員 ：こちらの作品は韓国の人間国宝である柳海剛(ユヘガン)先生の作品です。

▶ 이 작품은 한국의 인간문화재 유해강 선생님의 작품입니다.

お客 ：同じ種類の品物なのにどうして値段が違うんですか。

▶ 같은 종류의 물건인데 왜 가격차이가 나는가요?

店員 ：全体的な調和や模様などによって価格差が生じます。

▶ 전체적인 조화나 모양 같은 것에 의해 가격차이가 납니다.

お客 ：そうですか。じゃあ、これを一つください。

▶ 그렇군요. 이거 하나 주세요.

店員 ：はい、ありがとうございます。少々お待ちくださいませ。割れないようにしっかりお包みいたします。

▶ 네, 감사합니다. 삼시반 기다리십시오. 깨지지 않게 잘 포장해 드리겠습니다.

4. 店員 ：お客様。どうぞご覧ください。こちらの木彫りは韓国で一番代表的な商品で、贈り物用に最適です。

▶ 손님. 구경하십시오. 이 목각은 한국에서 가장 대표적인 상품으로서 선물용으로 좋습니다.

お客 ：そうですか。飾り物ですか。

그래요? 장식용인가요?

店員 ：こちらの仮面は、家の中の壁掛けとして主に使われています。また、韓国で虎は昔からもっとも代表的な守り神とされています。

▶ 이 가면은 집안의 벽걸이로 주로 사용합니다. 그리고 한국에서 호랑이는 옛날부터 한국의 가장 대표적인 지킴이로 인정받고 있습니다.

お客 ：なかなかいい仮面ですね。この仮面をください。

▶ 상당히 좋은 가면이군요. 이 가면을 주세요.

5. お客 ：竹塩製品にはどんな種類がありますか。

▶ 죽염제품에는 어떤 종류가 있나요?

店員 ：はい、竹塩製品には色々な種類がございます。まず、美容竹塩と竹塩マッサージジェル、竹塩クレンジングフォーム、竹塩石鹸、竹塩ボディクレンザー、竹塩ヘアケアセットなどがございます。

▶ 네, 죽염제품에는 여러 가지 종류가 있습니다. 우선 미용죽염과 죽염맛사지젤, 죽염폼클렌싱, 죽염비누, 죽염바디클렌저, 죽염헤어케어 셋트 등이 있습니다.

お客 ：竹塩石鹸はどうですか。

▶ 죽염비누는 어떻습니까?

店員 ：竹塩は9回焼いて作られているので、竹塩石鹸は美容効果が高く、お肌のトラブルもほとんどございません。

▶ 죽염은 9번 구워서 만들기 때문에 죽염비누는 미용효과가 높고 피부트러블도 거의 없습니다.

また、竹塩(たけじお)クレンジングフォームは竹塩(たけじお)に海草(かいそう)エキスとアロエなどの成分(せいぶん)が含(ふく)まれているため、角質(かくしつ)や化粧(けしょう)をきれいに落(お)としながらも保湿効果(ほしつこうか)にも優(すぐ)れています。

▶ 그리고 죽염폼클렌싱은 죽염에 해초엑기스와 알로에성분 등이 함유되어 있어 각질이랑 화장잔여물을 말끔히 제거해 주고 보습효과도 뛰어납니다.

お客(きゃく) : 一(ひと)つでも買(か)えますか。

▶ 한개도 살 수 있나요?

店員(てんいん) : 勿論(もちろん)です。お客様(きゃくさま)。

▶ 물론입니다. 손님.

주요단어

- 希望(きぼう) 희망
- 玉(たま) 옥
- 名前(なまえ) 이름
- 陶磁器(とうじき) 도자기
- 成分(せいぶん) 성분
- 印材(いんざい) 도장재료
- 手頃(てごろ) 적합함
- 虎(とら) 호랑이
- 守り神(まもりがみ) 지킴이
- 仮面(かめん) 가면
- 象牙(ぞうげ) 상아
- 特段(とくだん) 특단, 특별
- 壁掛け(かべかけ) 벽걸이
- 角質(かくしつ) 각질

저자소개

박복덕
- 한국외국어대학교 대학원 일어일문학과(문학석사)
- 중앙대학교 대학원 일어일문학과(문학박사)
- 일본 교토대학 국어국문학과 대학원 연구원
- 현) 한림성심대학교 관광일어과 교수

한영옥
- 상명대학교 대학원 일어일문학과(문학석사)
- 중앙대학교 대학원 일어일문학과(문학박사)
- 현) 동남보건대학교 관광일어과 교수

요시다 다카(吉田たか)
- 건국대학교 대학원 일본문화 · 언어학과(문학석사)
- 건국대학교 대학원 일본문화 · 언어학과(문학박사)
- 현) 동남보건대학교 관광일어과 조교수

면세점 · 판매 일본어

2016년 2월 25일 초판1쇄 발행
2018년 3월 5일 초판2쇄 발행

저 자 박복덕 · 한영옥 · 요시다 다카
펴낸이 임순재
펴낸곳 **(주)한올출판사**
등록 제11-403호
주 소 서울시 마포구 모래내로 83 (성산동 한올빌딩 3층)
전 화 (02)376-4298(대표)
팩 스 (02)302-8073
홈페이지 www.hanol.co.kr
e-메일 hanol@hanol.co.kr
정 가 15,000원

- ISBN 979-11-5685-386-2